야구장 마스코트에서
프로 강사가 되다

· 늘 남의 눈치를 보느라 나를 잃어버린 당신에게 ·

야구장 마스코트에서
프로 강사가 되다

· 김용일 지음 ·

위닝북스

간절한 꿈이 있다면
기회를 만들어라!

이 책은 특별한 성공 비법을 알려 주는 책이 아니다. 사람마다 살아가는 방식이 다르듯이 어떤 분야에서든 역할에 충실하고 다양한 인간관계를 통해 더 나은 삶을 살고자 했던 나의 세상 사는 이야기를 담은 책이다.

누군가 나에게 꿈이 무엇인지, 앞으로 무슨 일을 할 것인지 물을 때마다 나는 선뜻 대답하지 못했다. 할 말도 없었을뿐더러 솔직히 무엇을 하고 싶은지 나도 잘 몰랐다. 그저 아침에 눈 뜨면 밥 먹고 잠 오면 잠을 자는 일상이 내 삶이라고 여겼다.

그랬던 내가 야구장에서 일하면서부터 조금씩 달라졌다. 스타 선수들이 생활하는 방식, 훈련하는 모습, 경기에 임하는 태도 등

치열함과 열정이 나를 자극했다. 나보다 어린 선수들이 억대 연봉을 받고 팬들에게 사랑받는 모습을 보며 '나도 이제는 진짜 달라져야겠다!'라고 결심했다.

그때부터 내 삶은 달라졌다. 대학생의 본분에 충실하면서도 야구 경기가 없는 날에는 김제동 형을 따라다니며 MC의 꿈을 키웠다. 남들의 시선을 많이 의식하는 편이었지만 나의 변화된 모습을 인정하는 사람들이 생겨나면서 시선 또한 즐기게 되었다. 그러던 중 삼성 라이온즈 응원단장 제안을 받았고 제3대 응원단장으로서 9년 동안 활동했다. 나는 20대 청춘을 고스란히 야구장에서 보냈다. 수많은 팬들을 상대하며 대인관계 노하우를 배웠고, 선수들을 곁에서 지켜보며 그들의 끝없는 열정을 본받고자 노력했다.

시간이 흘러 30대에 접어들면서 응원단장으로서의 활동에 대해 진지하게 고민하게 되었다. '언제까지 이 일을 할 수 있을까? 응원단장을 그만두면 난 뭘 하지?' 2년간 고민에 고민을 거듭한 끝에 응원단장 자리를 후배에게 물려주고, 나는 장내 아나운서에 도진하기로 마음먹었다. 현재는 야구뿐만 아니라 배구까지 영역을 넓혔고, 스포츠 이벤트 기획자 및 프로 강사로 활동하고 있다. 일반 회사에 다니는 직장인이 아니기에 많은 수입을 창출할 수 있는 파이프라인이 절실히 필요한 만큼 나는 기회가 오면 무조건

잡았고 없으면 반드시 기회를 만들었다.

이루고 싶은 꿈이 생기면서 대학원에 진학해 학위까지 취득했고, 이벤트 분야에 대한 지식을 쌓으며 실무를 겸비한 인재가 되기 위해 치열하게 노력했다. 그렇게 석사 학위를 취득하고 박사 과정에 재학하면서 내게 또 다른 기회가 주어졌다. 지도교수님이 나에게 대학교 강의 제안을 하신 것이다. 감히 내가 누군가를 가르친다는 게 믿기지 않았다. 그러나 기회를 놓치면 안 된다는 생각에 제안을 수락하고 강의를 시작했다.

이처럼 현재의 일에 최선을 다하다 보면 예상치 못한 일들이 일어난다. 내게 기회가 생겼다는 것은 곧 기회를 준 상대에게 인정을 받았다는 것이다. 기회는 또 다른 기회를 불러온다. 지금은 나의 오랜 소망이었던 모교에서 강의를 하면서 후배들을 양성하고 있다. 대학교 강의가 발판이 되어서 기업체를 비롯한 관공서에서도 수많은 강의 제안을 받으며 바쁘게 활동하고 있다. 스포츠 선수가 아님에도 경기장에서 활동하는 색다른 직업을 가진 나의 콘텐츠가 강연 담당자들에게 어필한 것이다.

내가 살아온 과정들이 자리를 잡으면서 이제는 나의 지식과 노하우를 필요로 하는 사람들에게 도움을 주고 싶었다. 이 책을 쓰게 된 계기도 그런 이유에서였다. 책을 통해 누군가에게 내가 롤 모델이 되어 줄 수 있겠다는 생각이 들었다. 그들에게 도움을 주는 것이 앞으로 내가 할 일이라고 확신했다. 현재는 많은 이들에게 대중 앞에 서는 방법을 가르치고 MC와 강사들을 양성하면서 메신저로서의 행복한 삶을 살고 있다.

글쓰기에 대해 아무것도 몰랐던 내가 작가가 되고 메신저의 삶을 살게 된 데는 〈한국 책쓰기 성공학 코칭협회〉의 김태광 대표 코치님의 역할이 컸다. 대표 코치님께 머리 숙여 진심으로 감사드린다. 멋진 책이 나올 수 있도록 꼼꼼하게 살펴 주고 힘써 주신 〈위닝북스〉 출판사의 권동희 대표님께도 감사의 마음을 전한다.

자식 잘되는 일이라면 기꺼이 응원해 주시는 아버지, 어머니께 고마움을 전하며, 까탈스러운 사위 때문에 고생 많으신 장인어른, 장모님께도 감사하다고 말씀 드리고 싶다.

마지막으로 아빠에게 큰 힘이 되어 주는 다혜, 다현이, 내가 하는 일에 묵묵히 지원을 아끼지 않는 아내 인경에게 고마움과 사랑을 전한다.

2018년 4월
김용일

차 례

프롤로그

PART 1 나의 꿈은 야구장에서 시작되었다

PART
2
진정한 에이스는
위기에 빛을 발한다

PART
5
나는 오늘도
최고를 꿈꾼다

나의 꿈은
야구장에서
시작되었다

춤으로 열정을 불태우다

위대한 희망은 위대한 인물을 만든다.
· 토마스 풀러 ·

1992년 4월, 대한민국 가요사에 한 획을 그은 서태지와 아이들이 등장했다. 그야말로 전국이 서태지 열풍이었다. 서태지의 노래, 춤, 패션 등은 모두 유행이 되었고, 어딜 가든 서태지에 대한 이야기가 가장 이슈였다. 학교에서 춤 좀 춘다는 아이들은 쉬는 시간마다 서태지와 아이들로 변신하기 바빴다.

어릴 적부터 텀블링에 소질이 있었던 나는 앞놀기, 뒤놀기를 초등학교 2학년 때 다 익혔다. 춤을 습득하는 것이 또래 친구들보다 빨랐고 매일 춤 연습을 하며 제2의 서태지와 아이들을 꿈꿨다. 가요 프로그램이 하는 날이면 수업을 마치고 곧장 집으로 달려와 TV 앞에 앉았다. 시작과 동시에 녹화 버튼은 필수다. 녹화 테이프를 닳고 닳도록 보면서 춤 동작을 외웠다. 그때를 떠올리면 아직까지도 부모님은 "공부를 그렇게 했으면 서울대 갔겠다."라고 말씀하시곤 한다.

고등학교 1학년이 되면서 춤에 대한 나의 열정은 최고조에 달했다. 힙합이란 장르를 처음 선보인 듀스의 등장 때문이었다. 두 명이 들어갈 정도의 큰 티셔츠와 청바지, 뒤꿈치에 끈 달린 나이키 운동화, 거북이 등처럼 큰 가방, 상표도 떼지 않은 모자는 춤추는 사람에게 기본 아이템이었다. 당시 대구에서 이런 패션은 내가 소속된 댄스팀 멤버들이 유일했다.

같은 반이었고 듀스를 좋아한다는 이유로 학교 내에서 나와 함께 '영신고 듀스'로 불렸던 친구가 있었다. 친구는 나에게 본인이 속한 RCY 동아리에 가입하라고 했다. 브레이크 댄스를 배울 수 있는 유일한 동아리라는 말에 춤에 미쳐 있었던 나는 망설임 없이 가입했다. 이곳에서 실력을 갈고닦으며 춤에 있어서만큼 최고가 되어서 듀스를 능가하는 가수가 되겠다는 꿈을 키워 나갔다.

가을이 되면 각 학교마다 축제가 열린다. 당시에는 축제라 하지 않고 종합전이라고 불렀다. 미술작품 전시, 음악 발표회, 반 대항 축구대회 등이 있는 일 년 중 가장 큰 행사였다. 당시 남고였던 우리 학교에는 대구 지역의 수많은 여고생들이 몰려들었다. 각

동아리는 다른 학교와 교류를 하기 때문에 여러 학생들과의 만남이 자연스럽게 이루어졌다.

종합전 최고의 볼거리는 단연 가요제다. 전 학년을 통틀어 끼와 재능이 있는 학생들이 예선을 거쳐 본선 무대에 진출한다. 1학년에서 유일하게 출전했던 영신고 듀스인 우리는 예선 1위로 본선에 진출했다. 대상을 목표로 쉬는 시간, 점심시간, 저녁 시간, 야간자율학습 시간마다 틈만 나면 연습을 했다.

"점마들 춤 진짜 잘 춘다 카던데 연습하는 거 구경 갈까?"

전교생이 우리 반으로 모여 구경을 할 만큼 관심의 대상이 되었다. 이들에게 보답하는 길은 듀스보다 더 듀스 같은 모습으로 공연을 보여 주는 것밖에 없었다.

그런데 가요제 본선이 얼마 남지 않은 상황에서 심각한 사태가 발생했다. 시험 성적이 좋지 않다는 이유로 둘 다 담임 선생님께 엄청 맞았던 것이다. 엉덩이와 허벅지를 심하게 맞아서 제대로 걸을 수조차 없었다. 반 친구들이 우리 둘의 바지를 벗겨서 파스를 붙이고 마사지를 해 주었다. 지금 생각해 보면 우정과 의리, 낭만이 있던 시절이었다.

결국 가요세 본선 날일, 너무 아파서 실력 발휘를 못한 우리는 대상과는 비교도 안 되는 장려상을 수상했다. 허탈한 마음에 교실로 와서 서로 부둥켜안고 엉엉 울었다. 한참을 울고 있는데 누군가 교실로 들어왔다. 바로 담임 선생님이셨다.

"내가 너거들 꿈을 짓밟은 것 같아 미안하데이. 나를 용서해 도. 너희가 그렇게 연습하고 가요제를 준비했다 카는 걸 무시하고 내 방식대로 무작정 때린 게 너무 후회된다. 미안타."

이렇게 세 남자가 부끄러운 줄 모르고 펑펑 울던 기억이 아직 도 생생하다. 그 후로 나는 더욱 춤 연습에 매진했다. 함께했던 친 구는 평범하게 학교생활을 했을 뿐 더 이상 춤에 빠져들지는 않 았다. 고3이 되던 해, 듀스 멤버였던 김성재의 사망 소식에 나는 정신적으로 엄청난 충격을 받았다. 진정한 우상이었던 존재가 사 라졌다는 허탈감은 꿈을 잃어버린 것이나 마찬가지였다. 내가 듀 스와 무슨 관계라도 된다고 생각했는지 많은 친구들이 나를 위로 했다.

방황하던 내가 마음을 다잡게 된 것은 반 친구 중 한 명의 이 야기를 듣고 난 후였다. 나이트클럽에 간 친구가 나보다 훨씬 춤 을 잘 추는 무리를 봤다고 했다.

'대구 바닥에서 춤은 내가 1등인데…'

다음 날 나는 사복을 챙겨서 야간자율학습도 내팽개치고 나이트 클럽에 갔다. 당시 이곳은 500원만 주면 콜라 한 병과 함께 입장이 가능했다. 이른 시간이어서 손님은 별로 없었다.

밤 9시쯤 손님이 모여들자 본격적인 댄스타임이 펼쳐졌다. 나 는 사람들에게 둘러싸여 할 수 있는 기술을 다 보여 주며 무대를 장악했다. 이때 힙합 패션을 한 작은 체구의 남자 한 명이 내 앞으로 다가왔다. 그러고는 내가 그토록 배우고 싶었던 고난이도 기술을 무척 쉽게 선보이며 완전히 나를 굴복시켰다. 너무나도 허탈하고 수치스러운 순간이었다. 서태지와 아이들을 보고 듀스를 통해 댄서의 꿈을 키워 오며 춤 하나만큼은 자신 있다고 생각했던 나에게 가장 충격적인 사건이었다.

음악이 끝나자마자 나는 자존심 따위는 버리고 그들이 모여 있는 곳으로 걸어갔다. 이런저런 이야기를 나누다 보니 우리는 금방 친해졌다. 그들은 나를 멤버로 받아 주었다. 그날 이후 나는 야간자율학습도 건너뛰고 나이트로 출근해서 춤 연습에 매진했다.

매주 토요일 밤 12시가 되면 나는 대구역에서 무궁화호를 타고 멤버들과 함께 서울로 갔다. 일요일 새벽마다 전국에서 춤 좀 춘다는 사람들이 이태원의 문 나이트클럽에 다 모였기 때문이다. 우리 멤버들이 전국에서 춤을 제일 잘 추는 줄 알고 있었는데 '우물 안 개구리'라는 옛말을 되새기게 해 준 소중한 곳이다.

문 나이트로 말할 것 같으면 현진영, 강원래, 구준엽, R.ef의 박철우, 철이와 미애, 이주노, 양현석, 콜라의 김영완, 엄정화의 백댄서 서동철 등 TV에서 보던 사람들이 춤을 추던 아지트다. 이곳이 바로 대한민국 댄스 가수들의 춤의 역사가 시작된 곳이다. 전국에서 날고 긴다는 댄서들이 매주 일요일 새벽에 모여 배틀을 통해 서로의 실력을 겨루었다. 고난이도 브레이크 댄스를 비롯해 나로서는 엄두도 못 낼 동작들을 자유자재로 뽐냈다. 하지만 깨져 봐야 성장한다는 사실을 누구보다 잘 알고 있었기에 나는 배틀에 끼어들었다. 나의 춤 실력은 그들 앞에서는 유치원생 수준이었다.

'세상에 나보다 춤 잘 추는 사람이 이렇게 많을 줄이야.'

2시간가량의 댄스 배틀이 끝나고 해가 뜰 무렵, 지방에서 온 우리들에겐 또 하나의 중요한 일정이 남아 있었다. 바로 대구에서는 볼 수 없는 힙합 스타일의 옷과 액세서리를 구입하는 쇼핑이다. 문 나이트클럽은 댄스뿐만 아니라 패션도 유행시켰던 곳이다. 비디오를 통해 봤던 외국 댄서들의 패션뿐만 아니라 TV에 나오는 가수들의 패션을 이곳에서 볼 수 있었다. 이렇게 나의 고3 시절은 춤과 음악, 열정과 함께 흘러갔다.

목표가 없으면 성취도 없다

세상은 고통으로 가득하지만
한편 그것을 이겨내는 일로도 가득 차 있다.

· 헬렌 켈러 ·

"한 잔 해라. 고마 묵고 죽자. 우리 친구 아이가!"

"인생 뭐 있나! 다 똑같다. 그냥 오늘처럼 즐기고 살면 된다 아이가."

"아줌마, 여기 소주 한 병 더 주이소!"

어김없이 술잔을 부딪치며 반복되는 하루의 끝자락. 술 마시는 오늘 밤은 모두가 친구고 이유 없이 행복하다. 비틀거리는 몸으로 겨우 택시를 잡고 아파트에 도착해 엘리베이터를 탔다. 우리 집 층수를 잘못 눌러 다른 층에 내려서 다시 계단으로 이동했다.

술을 마실 때마다 벌어지는 필수 관문이다. 오늘도 아침 신문,

우유와 함께 사이좋게 집에 들어갔다. 아침에 일어나면 만취 상태에서 분실하진 않았는지 휴대전화와 지갑부터 찾는다. 그제야 지난밤 기억이 떠오른다. 그다음으로 하는 행동은 바지 주머니에서 카드 명세서를 찾아 금액을 확인하는 일이다.

'이런 쓰레기! 미쳤다. 미쳤어! 이게 얼마고. 돈도 없는데 내가 왜 계산했지! 오늘부터 다시는 술 안 마신다. 내가 술 마시면 진짜 개보다 못한 놈이다. 어휴!'

술 마시고 난 다음 날의 혼잣말과 스스로의 다짐이다. 그러나 이런 결심은 하루도 가지 않았다. 똑같은 날이 또다시 반복되었다.

남자라면 군 제대 후 몇 달 동안은 사회 적응을 위한 단계를 거친다. 힘으로 뭐든지 해결하려는 습관, 군대식 말투, 본인 소속 부대가 제일 힘들게 훈련한다는 이야기, 여자들이 가장 싫어하는 군대에서 축구한 이야기 등을 없애기까지는 시간이 필요했다. 특히나 해병대 특수수색대를 만기 전역한 나에게 군대 이야기는 가장 큰 자랑거리였다. 악으로 깡으로 술만 먹고 나면 행패를 부렸고 감정조절이 안 되는 일종의 분노조절장애 환자였다. 철없던 그 시절, 나는 이런 내 행동이 해병대 정신이라 생각했던 것이다.

오래전 인터넷에서 학교 동문을 찾아주던 사이트 '아이러브스쿨'이 유행한 적이 있었다. 졸업 후 시간이 흘러 같이 학교를 다녔던 친구가 그리웠던 사람들의 심리를 잘 공략했다. 주말이면 대학가 주변 술집은 단체 손님들로 가득했다. 떠들어 대는 소리를 들어 보면 대부분 초등학교 동창 모임이란 걸 금방 알 수 있었다.

달리기 잘한 친구, 공부 잘한 친구, 싸움 잘한 친구, 인기 많았던 친구 등 그리움을 가득 안고 시간 가는 줄 모른 채 남녀 할 것 없이 술잔을 기울이며 새벽을 맞이한다. 나 역시 마찬가지였다. 매주 친구들의 숫자는 늘어났다. 모임을 운영하는 친구들은 회비를 거두고 다음 번 모임장소를 물색하느라 일주일 내내 분주했다.

'오늘은 어떤 옷을 입고 갈까? 내가 좋아했던 그 애는 오늘 나타날까?'

이런 생각에 다가오는 주말마다 멋을 부리곤 했다.

초등학교 시절부터 텀블링도 잘했고 노래는 물론 연극의 주인공도 도맡았던 나였다. 식을 줄 몰랐던 나의 인기를 확인하고자 모임은 절대 빠지지 않았다. 당시 삼성 라이온즈 응원단장으로 활동했던 터라 술기운에 "내일 야구장에 놀러 온나! 내가 다 공짜로 입장시켜 줄게."라고 큰소리치면 모두가 기립 박수를 쳤다.

응원단장 시절, 나는 선수들과의 친분을 다른 사람들에게 과시하고 싶었다. 그래서 어느 모임에 가든지 선수들한테 한 번씩 전화를 걸어 괜히 진한 척을 하고, 없던 이야기를 만들어 내서 들려주곤 했다.

스타 선수들은 패션도 명품인 데다 고급차를 끌고 다녔다. 얼마 안 되는 월급을 받는 나였지만 당연히 이들과 같은 레벨의 삶을 살아야 한다고 생각했다. 그래서 명품 가방과 신발을 카드 할부로 구입하고 결제일이 다가오면 돈 구하기에 급급했다. 응원단장이 무슨 벼슬이고 연예인인 줄 착각하고 스스로 감당하지 못할 행동을 하고 있었던 것이다. 나는 남들에게 인정받기 위해 본연의 모습을 버리고 가식의 탈을 쓴 채 잘난 척하는 기회주의자였다.

나는 남들 시선을 굉장히 의식하는 편이어서 돈이 없어도 잘난 척하는 습관이 늘 몸에 배어 있었다. 대학원에 진학할 때까지도 서울 태생인 마냥 어설픈 표준어와 촌스러운 강남 스타일을 흉내 내던 한심하고 철없던 나였다.

〈당신은 사랑받기 위해 태어난 사람〉이라는 노래도 있는데, 사랑을 주기 싫은 삶을 살았던 20대 초반의 나 자신에게 미안하다. 하느님의 계획 속에 태어나 부모님의 사랑으로 존재하게 되었는데, 나는 전혀 목적 없는 삶을 살고 있었던 것이다.

03

야구장에서
진짜 나를 만나다

당장 어렵고 힘들어도 지금이 인생의 전부는 아니다.
그 순간을 참고 견디면 새로운 인생이 열린다는 걸 잊어서는 안 된다.
어차피 그게 인생이고 그것이 세상을 버티는 유일한 희망이다.

· 장훈 ·

나는 초등학교 시절부터 밥 먹듯이 야구장에 갔다. 집과 가까운 이유도 있었지만 TV에 나오는 선수들을 직접 본다는 것이 마냥 신기하고 행복했다. 친구들과 놀 때도 야구를 제일 많이 했다. 대구에서 야구 경기가 있는 날이면 학교 가기 전 부모님께 허락을 받으려고 오만 애교를 다 부렸다. 승낙을 받으면 학교에서부터 신이 나서 언신 싱글벙글했다. 사람은 하고 싶은 일을 할 때 제일 즐겁다고 하지 않던가.

하지만 야구 선수가 되겠다는 꿈은 초등학교 졸업 후 현실적인 문제에 직면하면서 취미로 바뀌었다. 야구부가 있는 중학교에 진학한 후, 선수 모집 공고를 보고 신청했지만 이내 포기하고 말았다. 당시만 해도 야구부 학생들은 아침부터 훈련에 매진했다. 등교하면 교실에 가는 것이 아니라 야구부 숙소로 향했다. 수업은 고사하고 선수들끼리 하루 종일 연습하고 밥 먹는 것이 그들의 일상이었다. 내가 그리던 선수의 모습이 아니었다. 공부도 하고 방과 후에 야구를 좋아하는 학생들이 모여 함께하는 즐거운 야구를 꿈꿨는데 현실은 정반대였다. 야구부 학생들의 머릿속은 오로지 야구뿐이었다.

야구 선진국인 미국이나 일본은 일정한 수준의 성적이 되지 않을 경우, 야구 선수를 계속 할 수가 없다. 하지만 당시 우리나라는 달랐다. 어린 시절부터 야구만을 바라봐야 하기 때문에 연령대에 맞는 교육을 받지 못하는 구조였다. 당연히 인격 형성에도 문제가 있고 교육적 수준도 일반인에 한참 못 미쳤다. 소위 운동하는 사람을 무식하게 바라보는 사회적 시선은 바로 이러한 이유 때문이었다.

지금은 우리나라 시스템도 많이 바뀌어서 운동선수들도 의무교육을 이수해야 한다. 요즘은 공부 잘하는 친구들이 운동도 잘하는 경우가 많다. 그렇다 보니 운동선수들의 인기와 몸값이 치솟고 있다. 좋은 조건 속에서 훌륭한 선수들이 많이 나오고 이들이 누군가의 롤 모델로서 존경받는 인물이 되었으면 한다. 이것이 야구 선수를 꿈꿨던 나의 바람이다.

야구 선수의 꿈은 좌절됐지만 야구를 완전히 떠날 수는 없었는지 지금까지도 나는 야구와 관련된 일을 하고 있다. 선수로서 그라운드에서 뛰지는 못하지만 그들이 잘할 수 있도록 응원하는 것이다. 과거 한 팀의 응원단장이었고 지금은 장내 아나운서이자 응원단을 통솔하는 총괄 팀장이 나의 역할이다. 뿜어 내지 못한 선수로서의 열정을 또 다른 방법으로 표현하고 있는 셈이다.

나는 이 자리에서 선수들을 위해 할 수 있는 모든 것을 쏟아 내고 싶다. 그들이 즐거워하고 실력을 발휘할 수 있는 일이라면 보탬이 되고 싶다. 그럼으로써 또 다른 내가 그라운드에서 뛰고 있다고 생각한다. 이곳에서 함께 숨 쉬고 즐길 때 비로소 내가 살아 있다는 존재감을 느낄 수 있다.

야구장에 들어서면 항상 똑같은 감정이 든다. '오늘은 왠지 좋은 일이 일어날 것 같아. 그냥 기분이 좋다' 매번 느끼는 감정이지만 참 오묘하다.

나는 프리랜서로서 여러 가지 일을 한다. 학교 강의가 있는 날은 학생들과 함께 꿈을 나누고, 행사가 있는 날이면 관객들과 즐겁게 웃고 떠든다. 강연이 있는 날에는 멋진 정장과 스타일리시한 안경을 쓰고 인기 강사의 이미지로 변신힌다. 이 모든 과정이 즐겁고 행복하다. 여기에 짭짤한 수입까지 더해지니 일석이조다. 직장에 얽매이지 않아 여유롭고 누군가의 눈치를 볼 필요가 없어서 자유롭다. 나를 섭외한 사람들이 받들어 주니 괜히 으쓱해진다.

프리랜서만이 누릴 수 있는 삶이자 행복이다.

그래도 하루의 마지막은 언제나 야구장이다. 모든 일을 마치고 야구장으로 오면 내 집에 온 것처럼 편하다. 여기서 식사를 하고 간단한 세면을 한 뒤 하루를 정리하며 새로운 하루를 준비한다. 야구장은 여러 사람이 모여 있는 곳이다. 그래서 이야기보따리를 풀어놓으면 다양한 관점에서 피드백을 들을 수 있어서 좋다. 선수들은 본인이 겪지 못한 에피소드에 관심을 갖고 선수의 관점으로 이야기하고, 치어리더는 여성의 시각으로 이야기를 해석한다. 경호요원은 안전이라는 울타리 속에서 항상 조심하라고 걱정을 해준다. 이렇게 다양한 조언을 얻을 수 있는 곳이 바로 야구장이다.

남들은 매일 같은 직장생활에 투정을 부리지만 나는 그럴 틈이 없다. 야구장에서는 매일 새로운 하루가 펼쳐지기 때문이다. 나는 비록 야구단에 소속된 직원은 아니지만 그저 이곳에서 웃음과 감동으로 모든 이들과 오래도록 함께하고 싶다.

어린 시절 동네 친구들과 재미로 했던 야구. 이제 나에게 야구장은 선수가 아닌 다른 영역에서 꿈을 실천하는 장소이자 삶의 터전으로 바뀌었다. 다른 어떤 곳에서보다 야구장에서 수많은 사람들을 만나면서 내가 남들 앞에 섰을 때 가장 만족하고 행복하다는 것을 느낀다. 나는 야구장에서 만난 수많은 사람들을 통해 웃음과 감동을 전하는 법을 배웠고, 높은 위치로 올라갈수록 묵묵히 노력하고 겸손해야 한다는 것을 깨달았다. 또한 나를 알아주는 사람들이 있다는 것이 얼마나 소중한지도 알게 되었다.

　　오늘도 어김없이 야구 경기가 펼쳐진다. 다이아몬드의 경기장에서 땀 냄새를 풍기며 열정을 불사르는 선수들을 보며 나의 꿈도 함께 실어 응원한다. 그들과 함께라면 언제나 즐겁고 행복하다. 이것이 내가 야구장에 있는 이유다.

04

야구장 마스코트에서
장내 아나운서까지

내가 생각하기에 이 세상의 유일한 스포츠는 야구다.

· 베이브 루스 ·

야구장의 꽃은 바로 치어리더다. 야구를 좋아하는 남성 팬이라면 누구나 한 번쯤 치어리더들과 사진 찍은 경험이 있을 것이다. 예쁜 외모와 늘씬한 몸매, 응원 단상에서의 섹시한 춤까지 야구장에 있는 모든 남성들의 시선을 한 몸에 받는다. 야구 선수들 못지않게 그녀들도 인기스타다.

나는 20대 때부터 응원단 활동을 시작하면서 치어리더들과 친분을 쌓을 기회가 많았다. 그래서 치어리더를 소개해 달라는 부탁은 일상이었다. 처음 만나는 사람들과의 대화 첫마디가 "용일 씨, 치어리더 좀 소개시켜 주세요."라는 말일 정도였다. 가장 듣기 싫은 말이었지만 이제는 웃으면서 가볍게 넘길 수 있게 되었다.

당시 여자 친구였던 지금의 아내는 결혼을 앞두고 친구들과의 술자리에서 이런 말들을 들었다고 한다.

"네 신랑 될 사람, 치어리더 킬러라는 소문이 있던데 진짜가?"

"그 사람 여자관계 억수로 복잡하다 카더라."

"친구니까 네 걱정돼서 하는 말이다. 잘 생각해 보래이."

이런 일들이 비일비재했다. 그래서 결혼식 당일까지 참 많이 싸웠다. 결혼 후에도 이벤트 관련 일로 새벽에 연락이 많이 왔다. 행사 관련 통화인데 아내가 오해해서 부부 싸움도 자주 했다. 이 글을 읽고 오해하실 분들이 있어 말하자면 내 얼굴은 여자들에게 그다지 인기 있는 외모가 아니다. 심지어 어떤 사람은 나에게 "능력이 뛰어나지 않는 한 결혼하기 쉽지 않은 얼굴이다."라는 소리까지 했을 정도다.

20여 년 동안 야구장에서 일했지만 치어리더와 사귄 적은 단한 번도 없다. 치어리더들과는 회식을 비롯해 함께하는 자리가 많지만 사생활은 잘 알지도 못할뿐더러 절대로 침범하지 않는 것이 업계에서 기본 매너다.

"댄스팀 모집 공고가 있어서 연락 드렸습니다."

"네. 지금 야구장으로 오실 수 있나요?"

"야구장으로요?"

이 전화 한 통이 스무 살부터 지금까지 이벤트 일을 하게 된 결정적인 계기가 되었다. 나는 댄서인데 야구장으로 오라고 해서 당황스러웠다. 그로부터 석 달이 지난 후 나는 삼성 라이온즈 마스코트로 데뷔했다. 내가 좋아하는 비보잉 댄스는 계속 연습을 하면서 야구 경기가 있는 날은 팬들에게 재미있는 퍼포먼스로 또 하나의 웃음거리를 제공하는 마스코트 아르바이트를 하며 용돈 벌이를 했다.

여름에 마스코트 안에 들어가면 그야말로 사우나가 따로 없다. 숨 쉬기도 힘들고 습하고 찝찝하다. 마스코트는 경기 시작 한 시간 전부터 경기가 끝날 때까지 약 5시간가량 입고 있어야 한다. 마스코트의 겉모습은 항상 밝고 미소를 짓고 있지만, 안에 있는 사람의 표정은 가히 악마의 얼굴일 정도로 힘들다.

경기 후, 마스코트 옷이 썩지 않도록 약품 처리를 한 후 밤에는 서늘한 곳에, 낮에는 햇볕에 쨍쨍 말려야 다음 경기 때 입어도 덜 찝찝하다. 마스코트 요원들의 몸에는 상처가 많다. 앞이 잘 보이지 않아 부딪쳐 생기는 상처도 많지만, 덥고 습한 옷을 시즌 내내 입다 보니 아토피와 습진이 친구처럼 따라다닌다.

2005년 아시아시리즈 당시 야구 대회 참가 차 일본에 갔다. 한국, 일본, 대만, 중국의 자국 리그 우승팀끼리 대결하는 대회였다. 한국에서는 삼성 라이온즈가 우승한 덕분에 응원단인 우리도 함께 갔다. 입이 딱 벌어지는 도쿄돔의 시설뿐만 아니라 각국의 응원단과도 대화할 수 있는 기회가 있었다.

일본에서는 마스코트에 대한 예우가 대단했다. 팀의 상징과도 같은 이들은 '마스코트 맨'이라는 직함을 가진 정규직이었다. 연봉도 우리나라 돈으로 4,000만 원 정도였는데, 연차가 오래된 멤버는 6,000만 원 정도라고 했다. 이렇게 전문성을 인정받으니 마스코트 관리부터 퍼포먼스, 전체적인 시나리오까지 모두 준비한다고 했다. 반면 10여 년이 지난 지금, 우리나라 마스코트는 그때나 지금이나 처우는 늘 똑같다. 그렇기 때문에 하고자 하는 친구들은 점점 줄어들고 있는 실정이다.

대한민국에서 가장 우승을 많이 한 프로 스포츠 팀의 응원단장이 누구인지 알고 있는가? 당연히 모를 것이다. 중요한 것도 아닐뿐더러 통계조차도 없다. 응원을 잘한다고 우승이 많은 것도 아니고, 공로패나 상장을 주지도 않고, 보너스를 받는 것도 아니지만 충분히 자부심을 가질 수 있는 나만의 훈장이다. 이유인즉슨, 내가 응원하는 팀마다 상위권 팀들이었기 때문에 우승을 많이 했다. 그래서 이런 영광을 누릴 수 있었다.

2001년 삼성 라이온스 야구단을 시작으로 대구 오리온스 농구단(현 고양 오리온 오리온스), 삼성화재 블루팡스, KGC인삼공사 배구단, IBK기업은행 알토스 배구단 등 함께한 팀들에 대한 고마움과 감사의 마음을 이 책을 통해 다시 한번 전하고 싶다. 응원단장에 관련된 에피소드는 너무나 많다. 무려 9년 동안 젊음을 바쳤기에 내 인생에 가장 빛났던 시기였다.

대학교 응원단장 출신도 아닌, 하물며 응원을 배운 적도 없는 나를 삼성 라이온즈 3대 응원단장으로 임명한 것은 구단 입장에서는 그야말로 모험이었다. 이 모든 것이 스물네 살 군 제대 후, 불과 6개월 만에 일어난 일이다.

나는 먼저 아버지께 100만 원을 빌려서 87만 원짜리 캠코더를 구입했다. 그리고 7만 원으로 대구 교동시장 전자 골목에서 녹음기를 구입했다. 남은 6만 원으로는 겨울 내내 전국의 농구장, 배구장, 야구장 연고지에 다녀왔다. 입장권 구입할 돈이 아까워 헌혈하면 무료입장권과 우유와 빵을 준다기에 이틀 연속 양팔을 번갈아 가며 피를 뽑고 현기증으로 화장실에서 한참 동안 구토를 한 적도 있었다.

이런 고생 끝에 각 구단 응원단장들의 모습을 캠코더에 담아 집으로 돌아왔다. 매일 밤 부모님이 주무실 때 안방 TV를 몰래 켜서 캠코더와 연결한 후 모니터를 하고 연습을 하면서 야구 시즌을 준비했다.

2001년 4월 6일은 내가 삼성 라이온즈 제3대 응원단장으로 단상에 데뷔한 역사적인 날이다. 당시 장내 아나운서였던 김제동 형이 멋지게 나를 소개하면서 잘 부탁한다고 팬들에게 큰절을 올렸던 기억이 생생하다. 이렇게 시작된 프로 스포츠 응원단장의 생활은 내 삶에 많은 변화를 가져왔다.

장내 아나운서는 스포츠 경기장 내 마이크가 필요한 모든 역할을 한다. 경기 전 시상식, 스타팅 멤버 소개, 경기 중 이벤트, 경기 후 선수 인터뷰, 이외에 여러 가지 안내방송을 하는 등 그야말로 종합 안내원이다. 물론 팀의 승리를 위한 사기 진작 응원 멘트는 기본이다. 그래서 우렁차고 호소력 짙은 목소리가 필요하다. 예전에는 개그맨들이 많이 했었는데 요즘에는 이벤트 MC로 활동하는 사람들이 주를 이룬다.

응원단장과 마찬가지로 장내 아나운서도 대한민국에서 선택받은 몇 명만이 할 수 있는 영광스러운 자리다. 지금까지 스포츠 이벤트인으로서 누릴 수 있는 모든 것을 할 수 있도록 도와주신 분들께 다시 한번 감사 드린다.

05

좋아하는 일을 할 때
진정 행복하다

일 년 중 가장 슬픈 날은 야구 시즌이 끝나는 날이다.

· 토미 라소다 ·

나는 대구 침산동에서 초등학교 시절을 보냈다. 집에서 학교까지는 15분 정도 거리였다. 학교 수업이 끝나면 친구들과 모여 운동장 혹은 학교 앞 길가에서 야구를 하곤 했다. 야구가 끝날 때쯤이면 나는 친구들에게 제안했다.

"오늘 야구 보러 갈 사람? 내가 컵라면 사 줄게."

그렇게 우리는 야구장으로 향했다. 야구장은 학교에서 20분 정도 거리에 있었다. 우리는 컵라면과 콜라, 오징어를 먹으며 야구장 이곳저곳을 누비고 다녔다. 선수들을 응원하면서 '나도 유명한 야구 선수가 되어야지'라고 마음속으로 다짐하며 꿈을 키웠다.

야구 경기가 끝나면 친구들과 펜스를 넘어 야구장 안으로 침투했다. 요즘은 상상할 수도 없는 일이지만 그때는 가능했다. 경기장 안에 들어가서 베이스도 직접 밟아 보고 슬라이딩도 하고 남는 공은 없는지 살피기도 했다. 퇴근하는 선수들에게 우르르 몰려가서 사인도 받고 말도 걸면서 귀찮게 하기도 했다. 내가 제일 좋아하던 장효조 선수가 나오기만을 기다렸다가 악수도 청하고 이유 없이 졸졸 따라다녔다. 당시 내가 가장 좋아하고 눈만 뜨면 생각났던 것이 바로 야구였다. 야구를 할 때 가장 즐거웠으며 그 순간만큼은 내가 제일 돋보였다. 저녁 무렵까지 계속 야구만 하니 어머니가 늘 나를 찾으러 다니셨다.

부모님은 늘 관대하시고 나를 믿어 주셨으며 내가 자립할 수 있도록 교육하셨다. 그래서 나는 어릴 적부터 다른 지역에 있는 친척 집에도 버스를 타고 혼자 다녔다. 혼자 야구장에 갔다가 집에 오면 밤 12시가 된 적도 있었다. 이때 내 나이가 열 살이었다. 어렸을 땐 부모님이 나에게 무관심한 것 같다고 생각할 때도 있었지만 지금은 독립의 힘을 일찍부터 키워 주신 부모님께 감사하다.

아버지는 버스 운전기사였다. 일주일은 오전반이라서 새벽 4시에 나가서 저녁 6시쯤 퇴근하셨고, 그다음 일주일은 오후반이라서 오후 5시쯤 나가서 새벽 4시쯤 퇴근하셨다. 아버지는 평생 운전만 하셨다. 버스 운전기사를 그만둔 후 지금은 택시 운전을 하신다.

이런 환경 속에서 나는 넉넉하지도 부족하지도 않게 살아왔다. 형제 없이 외아들로 자라서 어머니와는 친구처럼, 누나처럼 편하게 지냈다. 반면 아버지와는 누구나 마찬가지로 어려웠다. 어머니는 내가 원하는 건 다 해 주시는 편이었다. 어릴 적 내 로망은 삼성 라이온즈 어린이 회원에 가입해서 어린이용 점퍼를 입고 모자를 쓰고 다니는 것이었다.

초등학교 3학년 때 처음으로 삼성 라이온즈 어린이 회원에 가입했다. 이때는 인터넷 사용 전이었기 때문에 야구장 앞에서 어린이 회원을 모집한다는 광고를 보고 해당 날짜에 선착순으로 가야만 가입할 수 있었다. 어머니와 함께 모집 첫날, 대구백화점 앞으로 갔다. 대구에 사는 어린이들은 다 모였던 것 같다. 줄을 서서 3시간쯤 흐른 뒤에야 내 차례가 왔다. 드디어 꿈에 그리던 점퍼와 가방, 회원증과 모자를 받았다. 그 이후 학교에 갈 때마다 항상 야구 점퍼에 야구 모자, 야구 가방을 갖추고 등교했다. 때가 꼬질꼬질해도 그렇게 좋을 수가 없었다.

또한 어린이 회원에게는 야구장 출입이 공짜였다. 학교가 끝나면 다른 친구들은 태권도, 미술, 피아노 학원 등을 바쁘게 다녔지만 나는 오로지 야구장으로 향했다. 경기 시간이 오후 6시 30분이면 오후 3시부터 야구장 앞에 가서 야구 연습도 하고 주위의 분위기를 느끼곤 했다.

야구장 내에서는 경기 전 팬들을 위한 이벤트도 많이 진행했다. 이벤트에 참여하는 사람들이 많아서 나는 몇 번의 시도 끝에 야구공 멀리 던지기 이벤트에 참여할 수 있었다. 나보다 훨씬 더 큰 형들이 많았지만 누구한테도 뒤지지 않을 자신이 있었다. 결국 이벤트에서 일등 한 선물로 티셔츠를 받은 기억도 난다. 그 무엇보다도 야구만큼은 누구보다 간절했던 소년 시절이었다. 야구를 하며 놀 때는 어떤 소리나 방해에도 한눈을 판 적이 없었다. 나에게 야구는 가장 설레고 기대되는 운명 같은 존재였다.

대한민국에서 가장 인기 있는 스포츠는 프로 야구다. 매년 3월 말이면 시즌이 시작되고 11월 초면 끝난다. 하지만 시즌이 끝난 후에도 야구 관련 소식은 끊이질 않는다. 선수들의 봉사활동을 비롯해서 우수 선수에 대한 시상식, 팀들 간의 선수 트레이드, FA선수 이적 등 굵직한 사건들이 많다. 일 년 내내 야구에 대한 관심도는 떨어지질 않는다.

오늘날 야구는 스포츠를 넘어서 하나의 거대한 산업이 되었다. 미국 메이저리그는 각 팀들이 하나의 기업이나 마찬가지다. 선수들의 연봉도 천문학적 액수다. 마치 오락게임 하듯이 선수들을 사고판다. 비즈니스라는 기본적인 입장에서 스포츠 산업으로 인식이 되어 있다. 일본 또한 시장 규모가 굉장히 크다. 직장을 퇴근한 뒤 동료들과 야구장으로 가거나 가족들과 야구장에 모여서 저녁 식사를 하고 야구 관람을 하는 것이 일상생활로 자리 잡았다. 그래서인지 지역 연고팀에 대한 애착과 충성도가 어마어마하다.

35년의 역사를 가진 대한민국의 프로 야구도 산업으로서의 영향력이 커지고 있다. 야구 한 경기가 이루어지기 위해서 필요한 인력과 장비, 그리고 방송 관련 부분에 있어서 많은 스태프들이 움직이고 준비한다. 팬들의 의식도 10여 년 전과 비교하면 매우 성숙해졌다. 이전에는 응원하는 팀의 승리만이 야구장을 찾는 목적이었다면 이제는 경기의 승패보다는 문화생활을 즐기고자 찾는 사람이 늘어났다. 주말에는 거의 빈틈이 없을 정도로 야구장이 꽉 들어찬다. 아직까지 야구장에 한 번도 가 본 적이 없는 사람은 새로운 복합문화공간인 야구장을 꼭 가 보길 바란다.

나는 20여 년 동안 야구장에서 일해 왔다. 특정 구단의 정식 직원으로서 일한 것은 아니지만 직원 이상의 애착을 가지고 여러 가지 추억과 노하우를 간직하고 있다. 아마 집에 갈 때보다 야구장 갈 때가 더 행복할지도 모른다. 그만큼 야구는 내 인생의 전부다.

사람은 자기가 좋아하는 일을 할 때 가장 행복하다고 한다. 좋아하는 일을 통해 수입도 창출하고 나아가서 유명해지기까지 한다면 이것이야말로 자아실현인 셈이다. 내가 가장 좋아하고 행복한 순간은 야구장에서 일하며 팬들과 함께 응원하는 순간이다.

'김용일'이란 브랜드가 만들어진 것도 모두 야구장 덕분이다. 야구장이 없었다면 지금의 나도 없다.

딱 일 년만 미쳐 보자

"천재는 노력하는 사람을 이길 수 없고, 노력하는 사람은 즐기는 사람을 이길 수 없다."라는 말이 있다. 여기에 조금 더 보태자면 즐기는 사람은 절실한 사람을 이길 수 없다.

이것 아니면 도저히 답이 없다는 생각을 해 본 적이 있는가? 혹은 당장이라도 미칠 것처럼 무언가에 몰두해 본 적이 있는가? 모두 다 비슷한 질문이다.

흔히 말하는 '꽂힌다'는 표현은 한 가지에 미치도록 몰두했을 때를 일컫는 말이다. 야구 선수는 야구를 잘해야 인정받고, MC는 진행을 잘해야 하고, 강사는 강의를 잘하는 것이 기본이다. 직업이기에 잘해야 하는 것은 당연하다. 하지만 그냥 어느 정도 잘하는 사람과 주위로부터 인정받고 존경받을 정도로 잘하는 사람의 차이는 분명 크다.

친구들끼리 술 한잔할 때면 "요즘 돈 되는 거 뭐 없나!"라는 말을 자주 듣는다. 이 말은 곧 현재의 직업으로 벌어들이는 수입이 못마땅하다는 것이다. 돈이 부족하고 앞으로 살아갈 날을 한탄하는 것이다. 대한민국에서 돈을 벌고 가족을 꾸리며 여유롭게 살아가기가 힘들다는 것은 누구나 공감하는 일이다.

그렇다면 돈 되는 일이란 도대체 무슨 일을 말하는 것일까? 우리는 돈 안 되는 일을 선택해서 인생을 힘들게 살고 있는 것인가? 돈을 벌면서 여유로운 사람들은 행운을 잡은 운명을 타고난 것인가?

중학교 때 최광록이라는 친구가 있었다. 1학년 때 같은 반이었는데 성적은 반에서 20등 정도로 나와 비슷했다. 2학년이 되고 난 후 반은 달라졌지만 여전히 잘 지냈다. 그런데 광록이가 첫 번째 중간고사 때 반에서 2등을 했다. 공부로는 완전히 다른 친구가 되어 있었다. 나는 여전히 20등 언저리의 성적을 유지하고 있었다. 3학년 때 광록이는 우등반 학생으로 뽑혔고 섭보습반 변화한 나와는 차원이 달랐다.

광록이의 공부 비결은 다름 아닌 자신에 대한 도전이었다. 1학년 겨울방학 때부터 광록이는 공부와 싸움을 했다. 영어, 수학 학원을 다니기 시작했고 모르는 것이 있으면 물고 늘어지고 차근차근 해결하면서 실마리를 풀었다. 이렇게 쌓인 노력들이 3개월 후의 성적으로 나타난 것이다. 부러워만 했을 뿐 변화를 인정하지 못한 나 스스로가 한심했다.

이처럼 변화하는 순간, 삶은 움직이기 시작한다. 달라진 리듬에 몸이 익숙해질 때쯤이면 성과가 조금씩 나타난다. 이것을 많이 경험할수록 삶의 질이 높아지는 것이다.

분명히 말하지만, 나보다 무언가를 잘하는 사람은 지금도 그것을 열심히 하고 있다. 관심을 가지고 그것을 잘하기 위해 행동하고 있는 것이다. 타고난 재능에 의한 성과는 한계점이 빨리 온다. 하지만 재능을 타고나지 않았더라도 노력으로 보완하고 한계를 극복하는 사람은 진정으로 인정받고 부를 누릴 수 있다.

그렇다면 어떻게 해야 만족한 삶을 살 수 있을까? 나는 시간과 경제적 자유가 인생의 기본 목표다. 여행도 자유롭게 하면서 돈에 구애받지 않고 마음껏 쓰고 싶다. 재벌로 태어나지 못한 게 아쉽기도 하지만 그러한 운명을 탓하고 망설일 시간에 스스로의 변화를 통해 원하던 인생을 만들어 보기로 했다. 내가 실천하고 있는 방법은 다음과 같다.

첫째, 정체성을 찾아라. 과연 내가 하고 있는 일이 즐겁고 행복한가에 대한 근본적인 물음이 필요하다. 지금 하고 있는 일을 천직으로 생각하는 사람은 많지 않다. 천직을 찾는 방법은 2가지다. 현재 자신의 직업을 천직으로 삼고 그 분야의 전문가로 거듭나거나 반대로 냉정하게 변화를 선택하는 것이다. 그러려면 무엇보다 스스로에 대한 질문을 통해 정체성을 확립하는 것이 우선이다.

둘째, 환경을 만들어라. 하고자 하는 일이 정립되었다면 그것에 몰두할 수 있는 분위기를 만들어야 한다. 직장에서는 최선을 다해 일을 하고, 나머지 시간에 원하는 일을 즐길 수 있는 분위기가 조성되어야 한다. 무엇을 배운다면 그것에 합당한 금액도 필요할 것이고, 필요한 품목 구매도 생각해야 한다. 또 주변의 많은 유혹을 잠시 접어 둘 필요가 있다. 물론 익숙한 삶의 패턴을 변화시키는 것은 결코 쉬운 일이 아니다. 하지만 주위의 방해 요소를 제거하지 않는다면 변화는 시작조차 하지 못하고 머릿속에서만 맴돌뿐이다.

셋째, 디테일하라. 계획 수립과 함께 소요되는 기간도 예측해야 한다. 심지어 주말과 휴일의 사용도 좀 더 체계화시켜야 한다. 막연한 변화를 시도한다면 시간은 충분히 확보했는데 우왕좌왕하는 결과를 초래할 것이다.

넷째, 죽기 살기로 실행하라. 모든 것이 준비되었다면 지금 당장 시작한다. 일 년 후의 자신의 모습을 상상해 보라. 달라져 있는 자신의 모습을 머릿속으로 그려 본다면 행동에 더욱 가속도가 붙을 것이다. 결코 많은 부분을 바꾸려고 하지 말고 정해진 만큼만 이루기 위해 딱 일 년만 제대로 미쳐서 앞만 보고 달려 보자.

나는 매년 12월 마지막 주가 되면 새로운 한 해를 맞이하기 위한 의식을 행한다. 바로 다가올 새해에 대한 계획을 구체적으로 수립하는 것이다. 누구나 여러 가지 목표를 정하겠지만 나의 경우는 조금 유별나다. 우선 항상 구입하는 다이어리를 꼭 산다. 원하는 스타일대로 기입할 수 있고 한눈에 모든 것을 파악할 수 있기 때문이다. 그래서 나는 다이어리를 상당히 소중히 여기고 분신처럼 아낀다.

나만의 다이어리에 형형 색깔의 볼펜과 형광펜으로 행사와 강의 스케줄을 비롯해 경조사 및 기념일 등을 1월부터 12월까지 꼼꼼하게 작성한다. 그리고 맨 뒷장에는 한 해 이룰 목표를 파트별로 구성해서 적는다. 예를 들면 예상 수입, 강연 관련 준비와 도움이 될 강좌 신청 날짜, MC와 관련된 예상 영업 라인과 사업 계획, 마지막으로 올해 읽어야 할 도서까지 빠짐없이 작성한다.

이렇게 다이어리 작업을 하는 데 꼬박 이틀이 걸린다. 그 과정에서 마치 모든 것이 이루어질 것 같은 엄청난 기운이 느껴진다. 다이어리 작업이 완료되면 스마트폰과 탁상 달력에 똑같이 동기화 작업을 한다. 이것 역시 하루는 꼬박 새워야 한다.

쓸데없이 계획 세울 시간에 행동으로 옮기는 게 더 효율적이라고 생각하는 사람도 많겠지만 구체적인 목록과 계획이 수립되면 결과적으로 시간을 더 효율적으로 사용하게 된다.

이제 모든 계획이 완료되었으면 실행에 옮기기만 하면 된다. 원활한 진행을 위해서는 다이어리를 수시로 들여다보는 습관이 중요하다. 단지 기록물로 끝난다면 무용지물이다. 원하는 것을 다 적은 만큼 그 한 해 동안은 목표 달성을 위해 미쳐 보자. 그것으로 인한 변화는 느껴 본 자만이 알 수 있다.

성공한 사람들 중에는 이른바 '또라이'가 많다. 그만큼 미쳤다는 소리를 지겹도록 들은 사람들이다. 단 한 번 주어진 인생을 자신이 원하는 것에 미쳐 보지도 못하는 어리석음을 범하지 말자. 딱 일 년만 제대로 미친다면 오히려 당신을 이상하게 바라보는 시선이 머지않아 존경의 시선으로 바뀔 것이다.

07

인생의 멘토를 찾아라

야구를 하는 것이 즐겁지 않은 일이 되었다면
그것은 나에게 있어서 더 이상 야구가 아니다.

· 조 디마지오 ·

"저 행님, 진짜 멋있다 아이가. 나도 ROTC 지원해서 저 행님
만 따라다닐란다. 그 카다 보믄 뭐가 돼도 안 되겠나."

대학교 시절, 친구 영식이가 한 말이다. 영식이는 ROTC를 임
관하고 지금은 외국계 제약회사에서 연봉 2억 원 이상을 받으며
잘나간다. 학교 다닐 때부터 선후배의 가교 역할도 잘했고 의지
도 대단했던 친구였다. 영식이의 성공은 당연한 결과다. 특유의 사
교성이 제약회사 영업직과 잘 어우러졌던 것이 성공 요소다. 물론
엄청난 노력을 한 덕이기도 하다. 하지만 분명한 목표 아래 비슷
한 길을 먼저 걸었던 선배의 모습에 영향을 받은 것도 무시할 수

없다.

멘토가 필요한 이유는 내가 가고자 하는 길을 먼저 간 선배를 보면서 성장할 수 있기 때문이다. 더 중요한 것은 멘토의 부족한 부분을 모니터하면서 시행착오를 줄일 수 있다는 것이다. 시간 절약은 물론이고 성장 속도도 높일 수 있다. 지금의 내가 있기까지 가르침을 주신 멘토 두 분을 소개하겠다.

한 분은 대구, 경북 이벤트계의 선구자이신 ㈜놀레벤트의 조정환 대표님이다. 이벤트라는 생소한 업종을 발전시키고자 누구보다 힘쓰고, 업계와 학계의 연결고리 역할을 위해 한국이벤트협회 회장직도 역임하셨다. 작은 체구지만 해박한 이벤트 지식과 탁월한 대인관계로 카리스마를 내뿜는다. 반면 사람이 너무 좋아서 사기와 배신도 수차례 겪으셨다고 한다. 대표님은 댄스팀 활동 시절부터 나를 눈여겨보고 군 제대 후 응원단장으로 키워 주셨다. 이 은혜는 평생 갚아도 모자랄 것이다.

"어이 김용일, 일로 와 봐!"

"네, 대표님. 무슨 일이십니까?"

"니 질힐 자신 있나? 임마 이거는 돈 안 되믄 열심히 안 하는 스타일인데…."

"에이, 대표님 아닙니다. 뭐든지 시켜만 주이소. 근데 뭔데요?"

"니 응원단장 함 해 볼래?"

"예에? 응원단장요? 춤쟁이가 응원을 할 수 있겠습니까? 고민 좀 해 보겠습니다."

"함 생각해 보고 연락 도."

스물네 살 때의 짧은 대화가 훗날 나의 운명을 바꿔 놓았다. 몇 개월 후, 나는 응원단장이자 이벤트 MC 꿈나무인 청년으로 성장했다. 대표님은 응원단장과 MC의 기본은 물론이고 영업 요령, 기획 관련 업무도 가르쳐 주셨다. 주요 업체 대표들과의 만남 자리에도 항상 나를 데리고 다니면서 강하게 키우셨다. 덕분에 지방에서는 최초로 프로 스포츠 응원단장과 대구, 경북의 대표 MC로 빨리 자리 잡을 수 있었다. 심지어 대표님은 체육을 전공한 내게 이벤트학을 공부시키고자 서울 소재의 대학원에도 진학시켰다. 그때 취득한 학위로 현재 나는 대학에서 학생들도 가르친다. 그리고 소통과 배려를 통해 꿈과 희망을 전하는 동기부여가로도 활동하고 있다.

이처럼 멘토의 역할은 상당히 중요하다. 대표님이 나를 통해 돈을 벌고자 했던 것은 분명 아닐 것이다. 단지 응원단장이 필요했던 상황이었는데, 이벤트에 관심을 가지고 배우고자 했던 나의 열정이 마음에 들어서 지금까지도 인연을 이어 오고 있는 것이다. 이제는 평생의 동반자이자 사업 파트너로서 함께하고 있다.

다른 한 분은 방송인 김제동 씨다. 지금은 형이라 부를 정도

로 친한 사이가 되었다. 대한민국 언어의 연금술사인 그를 모르는 사람은 없을 것이다. 삼성 라이온즈 장내 아나운서 계보를 보면 제동이 형의 스승인 방우정 선생님이 제일 먼저였고, 그 뒤를 제동이 형이 이어받았다. 그다음으로 지금까지 내가 하고 있다. 야구장에서 처음 인연을 맺은 후 MC 일을 하게 된 것도 전적으로 제동이 형의 영향이 컸다.

행사가 있는 날은 아침부터 같이 다녔다. 제동이 형의 차를 운전하면서 전국의 행사장을 누볐다. 아직 방송에 출연하기 전이었는데도 형은 그 낭시에노 하두 스케줄이 서너 개씩 있었던 내구, 경북의 연예인이었다. 같이 다니다 보면 독특한 스타일의 소유자임을 알 수 있었다. 우선 본인이 피운 담배꽁초는 휴지통이 옆에 있어도 반드시 바지 주머니에 넣어 두고 한꺼번에 모아서 버렸다.

담뱃재가 바지 주머니에 수북해도 전혀 개의치 않는 모습을 보면 내가 다 찝찝해졌다.

고속도로 휴게소 화장실에 가면 변기 앞에 여러 가지 명언들이 붙어 있는 것을 볼 수 있다. 제동이 형과 같이 볼일을 보고 있으면 놀랍게도 형은 대부분의 명언을 외우고 있었다. 친근한 외모와는 달리 '얕잡아 봐서는 안 되겠구나'라는 생각이 들었다.

마이크 하나로 수많은 사람을 휘어잡는 제동이 형의 모습에 매료되어 MC가 되겠다는 결심을 하게 되었다. 형이 방송에 진출하기 전까지 약 2년 동안 함께 다녔지만 나에게 직접적인 MC의 기법을 가르쳐 준 적은 단 한 번도 없었다.

"용일아, 니 MC 잘하고 싶으면 라디오 많이 들어라."

"라디오요? 왜요?"

"그냥 들으라 카믄 들어라. 도움 될 끼다."

제동이 형이 내게 가르쳐 준 것은 라디오를 많이 들으라는 말뿐이었다. 이 말을 15년 정도가 지난 후에야 이해하게 되었다. MC는 본인이 주인공이 되는 것이 아니라 결국 사람과 사람과의 소통을 잘 이끌어 내는 것이 실력 있는 MC라는 메시지였던 것이다. 라디오는 단지 목소리만으로 사람의 모든 감정을 표현하는 매체다. 라디오 DJ는 특색 있는 음색과 메시지 전달력이 가장 중요하다. 제동이 형은 MC도 마찬가지라는 것을 이미 지방에서 활동할 때부터 인지하고 있었던 것이다.

요즘도 가끔 통화하면 늘 똑같은 말을 한다.

"행사 많나. 잘 살고 있제? 대구 있을 때가 제일 좋더라. 선배
님들 잘 챙기라."

스무 살 마스코트 시절부터 나에게 야구장은 일터이자 놀이
터였다. 인생의 작은 축소판처럼 세상 살아가는 모든 것이 이곳에
담겨 있다. 성공한 사람들을 보면서 그들이 노력하는 과정을 통해
동기부여가 되었고, 지치고 힘들 때 시원한 맥주 한잔과 치킨으로
스트레스를 날려 버릴 수 있다.

하나의 경기가 이루어지기까지 수많은 사람들의 역할이 필요
하다. 야구장을 정비하는 사람부터 그라운드 밖의 매표요원, 안전
요원, 주차요원 등 주어진 임무에 소홀함이 없어야 한다. 4시간 정
도의 경기가 끝나면 조명탑의 불빛만 남은 채 청소하는 사람들이
새벽까지 정리를 한다. 마지막으로 야구장 문단속을 하는 경비
아저씨가 최종 점검을 하면 비로소 한 경기가 끝이 난다.

돈을 많이 벌고 적게 버는 것은 중요하지 않다. 선수들이 최고
의 경기를 펼칠 수 있도록 준비하는 수많은 분들, 야구장을 찾는
팬들에게 즐거움을 주는 야구 선수들, 야구 외에 또 다른 즐거움
을 준비하는 응원단 등 야구장 속을 자세히 들여다보면 작은 세
상이 존재한다. 이 작은 세상이 어느 누구에게는 선망의 대상이
되기도 하고, 반드시 성공하기 위해 거쳐 가는 관문이 되기도 한

다. 당신이 나와 같은 길을 가고자 한다면 010.4525.8943으로 문자를 보내 보라. 바로 답신을 보내겠다.

앞서 언급한 두 분의 멘토는 현재 내가 일하는 분야에서 많은 도움을 주셨다. 하지만 내 인생 전체를 되돌아보면 행동하는 것마다 배울 수 있는 종합 멘토는 바로 야구장이었다.

08

어제의 간절함이
오늘의 나를 만들었다

노이로제에 걸릴 정도의 정신적 고통을 이겨내지 않고서는
대선수가 될 수 없다.

· 나가시마 시게토시 ·

술 마시고 집에 오는 길은 너무나도 처량하다. 더군다나 택시를 타야 할 먼 거리인데도 택시비가 부족해 걸어오는 상황이라면. 또 만취한 것도 아닌 어중간하게 취한 상태라면 정말 찝찝하다. 당시 내 상태가 그랬다. 앞으로 뭘 해야 될지 불확실했고, 여자 친구도 없었고, 돈도 없는 불쌍한 존재였다. 형제도 없이 외아들로 자란 나는 하소연을 하고 싶어도 할 곳이 없었다. 자식 된 도리로 낳아 주시고 길러 주신 부모님께 신세타령을 한다는 것이 말이 안 되었다.

그나마 유일하게 위안이 되었던 것은 댄스팀으로 활동했던 동

료들이었다. 우리는 저녁이면 지하 연습실에 모여 라면도 끓여 먹고 새벽까지 춤 연습에 매진했다. 새벽 2시쯤 연습실 불을 끄고 집으로 돌아갈 때면 늦게까지 문이 열려 있는 인근 술집 앞에서 자꾸만 발걸음이 멈추었다. 서로의 허전한 마음을 국밥과 순대 그리고 소주 한잔으로 위로하는 것은 하루 중 최고의 행복이었다.

학교 성적도 중·하위권이고 특별한 능력조차 없었던 내게 군대라는 장벽은 너무나도 가혹했다. 2년 2개월 동안 국가에 충성하고 제대 후 미래에 대한 기약도 없이 사회에 내동댕이쳐졌다. 매일 밤 반복되던 훈련과 나라를 지키는 용맹함은 어느덧 사라진 채 입대 전처럼 술을 마시며 하루하루를 채워 갔다. 이때까지만 해도 꿈, 희망, 성공이란 단어는 내게 사치일 뿐이었다. 나는 사회에 대한 불만, 내 처지에 대한 비관, 암울한 미래가 가장 어울리는 사람이었다. 친구들이나 주위의 사람들이 나를 피한다는 느낌이 들 정도였다. 스물네 살의 불쌍한 영혼을 구제해 줄 사람은 아무도 없었다.

그날도 어김없이 술에 취한 채 잠들어 있는데 갑자기 정신이 번쩍 들 만큼 뒤통수를 세게 맞은 느낌이 들었다. 누군가 내게 메시지를 전한 것 같은 묘한 기분이었다. 잠에서 깼지만 숙취도 없이 개운했다.

'정신 차리자. 이래서는 안 된다. 인생을 허비하지 말고 뭐라도 시작하자.'

다음 날부터 학교 복학 전까지 닥치는 대로 일을 했다. 술, 담배도 줄이고 인간답게 살기 위해 몸부림쳤다. 정신적 안정을 위해 성당도 다시 나가고 군대 가기 전 일했던 이벤트 회사에 찾아가서 아르바이트도 요청했다. 달라진 내 눈빛을 보고 사장님은 나에게 야구장에서 응원단장의 보조인 대북요원 임무를 맡겼다. 역시 사람은 생각보다 바로 행동으로 옮기는 것이 원하는 목표에 다가서는 지름길인 것이 확실하다.

6개월 후 나는 응원단장이라는 중책을 맡게 되었고 학교도 복학해서 정상적인 패턴의 삶으로 되돌아왔다. 만약 신세 한탄과 후회 속에 시간만 보냈다면 이런 변화는 절대 일어나지 않았을 것이다. 냉철한 자기반성과 달라진 모습으로 변신해야겠다는 간절한 마음과 믿음이 현재의 나를 있게 한 것이다.

2006년, 삼성 라이온즈가 한국시리즈에서 우승하며 작년에 이어 2년 연속 대한민국 대표로 아시아시리즈에 출전했다. 일본 도쿄돔에서 펼쳐지는 4개국 클럽 챔피언시리즈가 바로 아시아시리즈다. 나는 삼성 라이온즈의 응원단장으로서 치어리더와 마스코트, 스태프들과 일본으로 출국했다.

나는 운이 참 좋은 놈이다. 최고 명문팀의 응원단장을 맡게 된 것도 가문의 영광이지만 매년 우승을 통해 해외에 나가는 기회도 얻었으니 여러모로 우승팀의 효과를 톡톡히 누렸다. 해외에

가 본 것은 2005년 아시아시리즈 때 일본 도쿄가 처음이었다. 같은 장소로 가는 두 번째 여행인 만큼 작년의 시행착오를 토대로 더욱 꼼꼼히 계획을 짰다. 물론 응원을 위한 철저한 준비는 두말할 필요가 없었다.

당시 나는 응원단장 일 외에 학교 공부도 계속 하고 있었다. 석사 학위를 취득하고 동 대학원 박사 과정에 입학하고자 면접을 준비하고 있던 터였다. 불행히도 아시아시리즈 일정과 박사 면접 날짜가 겹치는 것이었다. '박사 과정을 내년으로 미룰까?' 그러기엔 일 년 동안 허송세월을 보낼 것 같아 섣불리 결정할 수도 없었다.

'그래. 세상에 안 되는 건 없다. 간절한 마음만 있다면 뭐든지 이룰 수 있을 거야.'

스스로 다짐하며 스케줄을 다시 한번 확인했다. 면접은 토요일 오후 3시 경기대학교 서울캠퍼스에서 진행될 예정이었다. 그런데 문제는 저녁 7시에 한국과 일본의 준결승 경기가 있었다. 이번 시리즈에서 가장 중요한 경기일 뿐만 아니라 주말인 탓에 도쿄돔 5만 5천 석을 가득 채울 것이라는 언론 보도가 있을 만큼 관심이 대단했다.

하네다 공항에서 김포 공항으로 향하는 비행기 편을 다 알아봤지만, 시간 내에 한국에서 면접을 보고 다시 도쿄돔으로 복귀하기에는 무리였다. 점점 포기하고 싶은 마음이 들 무렵, 다시 마음을 다잡고 긍정 마인드로 다시 무장했다. 그리고 호텔 숙소에서 지도 교수님께 국제 전화를 드렸다.

"교수님, 저 김용일입니다. 밤늦은 시간에 죄송합니다."

"괜찮아. 이 시간에 무슨 일이야? 지금 어디니?"

"일본 도쿄입니다. 일 때문에 출장 왔습니다."

"그렇군. 다급하게 전화한 걸로 봐선 무슨 문제가 있는 것 같은데 무슨 일 있니?"

"사실은…."

나는 교수님께 사정 설명을 드렸다.

"마음고생이 심했겠구나. 그럼 시간을 조절해 보자. 학교 측에는 내가 조치하마."

"감사합니다. 밤늦은 시간에 죄송했습니다."

석사 면접은 오전 10시, 박사 면접은 오후 3시였다. 그런데 교수님께서 석사 면접 시간에 내가 첫 번째로 박사 면접을 미리 볼 수 있도록 행정조치를 취한 것이었다.

"하느님, 감사합니다. 아니, 교수님이 이번엔 더 감사합니다."

금요일 저녁 대만과의 경기가 끝날 때쯤 구단에 미리 양해를 구한 뒤 하네다 공항으로 출발했다. 그렇게 밤 비행기를 타고 김포 공항에 노착해서 학교 인근 모텔에 숙소를 잡고 면접을 준비했다. 그리고 다음 날 오전에 면접을 치르고 오후 1시 비행기로 다시 도쿄로 돌아왔다.

생각해 보면 별일 아니지만 나로서는 중대한 사안이었다. 아시아시리즈 경기도 중요하고 미래를 위한 박사 과정 면접도 꼭 필요했다. 만약 두 일정을 조율하는 것이 번거로워 고민조차 하지 않고 미리 포기했다면 예상컨대 일본에서 경기가 끝난 뒤 술을 실컷 마시고 놀았을 것이다. 간절한 마음이 작은 결심을 만들어 냈고 결국 두 마리 토끼를 모두 잡을 수 있었다.

프로 야구 경기는 계절이나 방송 편성에 따라 다르지만 평일은 저녁 시간, 주말과 휴일에는 낮 시간에 시작한다. 선수들은 경기 시작 몇 시간 전부터 연습을 시작한다. 팬들은 경기 때의 모습만 보니 유니폼이 흙투성이가 되고 팔꿈치와 무릎이 다 까져서 피가 흘러내리는 처절한 연습 상황을 이야기로만 들었을 것이다.

"쟤는 연습인데 왜 저렇게 미친 듯이 하는 거야? 시작도 전에 다치겠다."

연습 시간에 유독 눈에 띄는 선수들이 있다. 그들은 처절할 정도로 자신을 궁지로 몰아넣는다. 몰입해서 연습하다 보면 유니폼이 찢겨졌는지, 몸에 피가 나는지도 모른다. 이런 선수들이 결국에는 성공한다. 매서운 눈빛 속에 간절한 마음이 결과물로 나타나기 때문이다.

성공의 비밀은 끌어당김의 법칙, 즉 간절함에서 나온다. 사람마다 소망하는 것이 다르다. 아픈 사람에게는 건강해지는 것이 우선일 것이고, 취업을 앞둔 사람에게는 대기업에 취직하는 것이 꿈일 것이다. 더 넓은 아파트로 이사도 가거나 외제차를 타고 싶은 꿈을 가진 사람도 있다. 이 모든 것을 원한다면 뚜렷한 상상을 하고 이미 이루어진 것처럼 행동해야 한다. 다시 말해서 간절히 그것을 원해야만 목표에 도달할 수 있는 것이다.

진정한 에이스는
위기에 빛을 발한다

01

세상을 유연하게 바라보라

내가 수많은 홈런을 칠 수 있었던 이유는
1,390개의 스트라이크 아웃이 있었기 때문이다.

· 베이브 루스 ·

세상에 완벽한 사람은 없다. 다만 완벽해지기 위한 노력을 기울일 뿐이다. 2002년 한일월드컵 당시 대한민국 대표팀의 히딩크 감독은 충분한 목표 달성을 했는데도 불구하고 "아직도 우린 배고프다."라고 말했다. 인간의 욕심은 끝이 없다. 나쁜 의미의 욕심은 상대방에게 피해를 끼치며 자신의 이익을 추구하지만, 좋은 의미의 욕심은 자신의 발전을 위한 노력과 아낌없는 투자라고 할 수 있다.

나는 완벽주의자다. 꼼꼼한 성격 탓에 놓치는 부분은 없지만 집요함 때문에 상대방을 많이 피곤하게 한다. 좋은 의미로는 계획

적이고 철두철미해서 인정받지만 이런 삶을 사는 내 자신은 상당히 피곤하다. 세세하게 간섭하고 신경 쓰다 보니 '쫀쫀하다'라는 말이 어울리는 사람이 되어 버렸다.

성격은 바꾸기 쉽지 않다. 자신이 살아온 습관이자 삶의 방식이기 때문이다. 현명한 사람들은 모든 것을 상황에 맞게 응용하는 능력이 뛰어나다. 그래서 여유가 넘쳐 보이고 하는 것마다 잘하는 것처럼 보인다. 굳어 버린 성격을 조금이나마 유연하게 만들려면 독서를 통해 세상 사람들의 이야기를 공유하고 여행을 하면서 만물을 아름답게 보는 시야를 길러야 한다.

2014년 3월, 서로의 성격을 이해함으로써 인간관계의 소중함을 알게 된 사건이 있었다. 지금은 종영한 EBS 프로그램 〈화해프로젝트-용서〉에 출연하게 된 것인데, 한 시간 분량을 녹화하기 위해 20일 가까이 소요가 됐다.

이 프로그램의 콘셉트는 이제껏 원수처럼 지냈거나 사이가 좋지 않은 사람과의 여행을 통해 오해를 풀고 관계를 회복시켜 주는 것이다. 교육 방송이고, 평일 밤 시간인데도 불구하고 전국 시청률이 4~5% 나왔다. 좋은 취지의 내용과 따뜻한 삶의 이야기라서 시청률이 높은 편이었다. 연예인뿐만 아니라 일반인들도 출연이 가능했다.

나는 누구와 촬영해야 할지 고민했다. 개인적으로 악한 감정이 있는 사람이 없었다. 그러다 내가 속한 MC리더스 회원 중 나보다 한 살 많은 선배와 촬영하기로 결정했다. 심하게 나쁜 사이는 아니었지만 감정의 골이 약간 있어 내가 요청을 했다.

촬영 일정이 정해지고 두 사람의 집을 시작으로 자주 가는 곳, 사연이 있는 장소에서 촬영이 진행됐다. 그 후 나머지 촬영은 베트남 호찌민에서 이루어졌다. 담당 PD가 말하길 외국으로 촬영을 나가는 이유는 중간에 돌발 상황으로 감정이 격해져서 서로 싸우고 촬영을 포기하는 경우가 종종 생기는데 외국에서는 감정이 상했다고 해서 곧바로 돌아올 수 없기 때문이라고 했다. 언어도 다르고 음식도 입에 맞지 않는 다른 환경에 적응하면서 서로 마음을 풀게 하려는 제작진의 의도인 것이다. 각본이 짜여 있는 것도 아닌 데다 서로가 소원한 관계였던 터라 모든 촬영이 조심스러웠다. 프로그램 제목이 '용서'인데 혹시나 '절교'로 바뀌지는 않을까 싶은 마음에 모든 스태프들의 행동이 조심스러웠다.

해외 촬영은 11박 12일 동안 계속됐다. 인천 공항에 도착한 뒤부터 협찬 받은 옷으로 갈아입고 본격적인 촬영을 시작했다. 주인공인 나를 비롯해 선배, 담당 PD, 카메라 감독 이렇게 4명이서 떠났는데, 나와 남낭 PD가 한 소, 선배와 카메라 감독이 한 조가 되었다.

호찌민에 도착 후, 약속에 관한 주제로 첫 촬영을 하던 중 담당 PD가 우리 둘 사이를 슬슬 긁었다. 여기에 반응하며 이야기하다가 결국 티격태격하는 것이다. 촬영을 하다 보면 감정의 골이 깊어지고 서로 등을 돌리게 된다. 대부분의 촬영이 이런 식으로 진행되도록 담당 PD가 잘 유도한다.

그렇게 호찌민의 명소 곳곳을 돌며 콘셉트에 맞는 새로운 주제들로 촬영을 했다. 나와 선배는 둘 다 방송 리포터를 한 경험이 있어서 특별한 문제 없이 빠르게 진행됐다. 동남아 특유의 덥고 습한 날씨에 체력적으로 너무 힘들었고 음식도 서서히 질리고 밤잠도 설쳤다. 워낙 촬영 기간이 긴 탓에 다들 지쳐 갔다. 프로그램의 이름처럼 서로 화해를 하며 원래의 관계로 회복되는 모든 과정을 담아야 하는 만큼 어려움이 많았다. 정해진 각본이 없고 서로에 대한 마음의 문제이기 때문에 감정의 골이 풀리지 않으면 시간만 낭비하게 된다. 실제로 사이가 좋지 않았지만 촬영이 너무 힘들고 감정싸움을 정리하느라 담당 PD와 카메라 감독도 지칠 대로 지친 상태였다.

그런데 신기한 것은 이러한 과정 속에서 조금씩 앙금이 풀리고 분위기가 좋아지면서 함께하는 스태프도 가족처럼 친해진다. 촬영 마지막 날쯤 되면 실제로 소원했던 사이도 어느 정도 풀리면서 분위기도 밝아진다. 선배는 내게 이렇게 말했다.

"나는 용일이 네가 진짜 강하고 타협도 안 되는 그런 스타일인 줄 알았다. 그래서 후배지만 참 다가가기 힘든 존재였다."

"저는 형님이 진짜 무뚝뚝하고 절 싫어하는 줄 알았어요. 근데 제가 오해를 많이 했네요."

촬영이 끝난 후 나는 세상을 보는 시야도 넓어지고 마음의 여유도 많이 생겼다. 내가 단점이라고만 생각했던 부분을 선배는 오히려 배우고 싶다고 했다. 참 아이러니한 일이다. 이처럼 사람의 성격은 동전의 양면과 같다. 보는 쪽에 따라서 앞면만 보일 수도 있고 반대로 뒷면만 보기도 한다.

02

부드러움이 강함을 이긴다

타격은 여자의 마음과 같다.
오늘 잘 맞다가 내일은 맞지 않는다.
· 장훈 ·

야구 잘하는 선수들을 보면 덩치가 큰 선수도 있고 키는 작지만 빠른 선수들도 있다. 강속구 투수가 있는가 하면 기교와 두뇌 피칭이 좋은 선수도 있다. 이로 비추어 볼 때, 덩치만 크고 힘만 세다고 야구를 잘하는 것은 절대 아니다. 자신의 신체에 맞게 특성을 잘 살린 선수들이 스타로 발돋움하는 것이다.

이승엽 선수 하면 '홈런'이 바로 연상된다. 그만큼 많은 홈런을 쳤고 국내리그와 국제대회에서도 결정적인 순간에 멋진 홈런을 날리며 국민들에게 큰 감동을 선사했다. '이승엽'이라는 이름 석 자가 확실하게 각인된 것이다. 체격만 봐서는 홈런을 잘 칠 수 있는 거포형의 덩치가 아니다. 이승엽 선수보다 훨씬 덩치 큰 국내 선수들도 엄청 많다. 이를 보더라도 홈런은 힘만으로 치는 것이 아님을 알 수 있다. 순간의 강한 임팩트와 물 흐르듯 부드러운 스윙이 가미되어 만들어지는 것이다.

조선의 4번 타자 이대호 선수는 덩치로는 둘째가라면 서러울 정도의 거구다. 전문가들의 말을 빌리면 한국에서 가장 부드러운 스윙을 하는 선수가 바로 이대호 선수라고 한다. 신체의 유연함이 그를 최고의 타자 반열에 오르게 한 것이다. 두 선수의 공통점은 다른 선수들보다 유연하다는 것이다.

우리의 인생도 마찬가지다. 계속 앞만 보고 전진만 하다가는 힘이 떨어져 포기해 버리고 만다. 적당한 휴식도 필요하고 더 높이, 더 멀리 가기 위한 에너지 충전도 해야 한다. 강함 속에 부드러움을 적당히 활용해야 평탄하게 나아갈 수 있는 것이다.

언젠가 재활 선수들에 대한 뉴스를 본 적이 있다. 부상을 당하고 수술한 후 재활치료를 하는 장면에서 빠지지 않는 것이 바로 수영이다. 물속의 저항을 활용해 유연성을 기르고 부상 부위를 단련시키는 데는 수영만 한 훈련이 없다고 한다.

예전에 제주도에서 야구 개막전을 한 적이 있다. 전년도 우승팀과 준우승팀이 개막 3연전을 펼쳤다. 양 팀의 응원단도 모두 참여했다. 일하러 가는 것이지만 여행이나 다름없는 일정이라 다들 설렘에 들떠 있었다.

대중 앞에서 응원하는 일이다 보니 어떠한 상황에도 일희일비하지 않고 늘 미소로 화답해야 한다. 이것이 때로는 나를 정말 힘들게 했다. 어느 팀의 응원단이나 마찬가지로 제일 많이 겪는 것이 취객들과의 다툼이다.

"야, 임마! 노래 한 곡 하자. 마이크 가져와 봐!"

"우리 형님, 또 기분 좋으시네. 그런데 노래는 안 돼요. 응원이나 같이 합시다."

"요놈 요거, 자! 받아라. 만 원 주면 되나? 이제 한 곡 하자!"

"여기 노래방 아닙니다. 죄송해요."

"마이크 달라고! 이 새끼야!"

이 상황에서 웃음을 잃지 않는 것은 정말 고문이나 다름없다. 그때 나를 확 잡아당긴 취객 때문에 오른쪽 손목에 10cm 정도의 상처를 입었다. 누가 보면 꼭 자해한 것처럼 흉터가 새겨져 있어 지금도 속상하다.

당시 피가 너무 많이 흘러 흰색이었던 응원복 바지가 순식간에 피로 물들었다. 나도 놀랐지만 내 오른팔에 흐르는 피를 보고 치어리더들이 무서워서 울음을 터트렸다. 그러자 관중들이 응원단상 쪽으로 모여들어 야구보다 더 재미있는 구경거리가 생긴 양 나를 둘러쌌다. 응원단상 주위는 삽시간에 난장판이 되었다. 사람들이 너무 많이 모여 야구 경기도 잠시 중단되었다.

"여러분, 저 괜찮아요. 이럴 시간이 어디 있습니까? 빨리 응원합시다. 우리 지고 있어요. 삼성 파이팅 외칩시다!"

피를 흘리며 응원을 하자 사람들은 응원보다 피가 흐르는 내 팔만 쳐다봤다. 경기가 끝나고 병원 응급실에서 10바늘을 꿰맸다. 그렇게 제주도에서의 첫날은 피와 함께한 추억으로 남았다.

만약 내가 순간의 욱함을 참지 못했다면 일이 심각해졌을지도 모른다. 응원단장을 9년 동안 하면서 이런 일들이 비일비재했다. 초창기에는 젊은 혈기로 주먹다짐을 하기 일보 직전까지 간 경우도 많았지만 시간이 지나면서 여유로움도 생기고 취객들을 다루는 요령도 늘었다. 베테랑일수록 겸손하고 참을성이 강하며 부드러운 면이 많다. 나도 조금씩 좋은 방향으로 변하고 있는 것 같아 다행이다.

나는 야구장에서 참 많은 것을 배운다. 나에게 야구장은 인생의 축소판과 같다. 삶의 희로애락을 느낄 수 있기 때문이다. 경기를 하는 선수들은 기다릴 때, 공격할 때, 참아야 할 때 등 수많은 상황 속에 순간의 선택을 해야 한다. 짧은 순간의 그릇된 선택은 팀의 패배를 자초하게 된다. 묵묵히 참고 때를 기다리다가 기회가 왔을 때 폭발시키는 잠재력이 필요하다.

야구 경기는 1회를 시작으로 9회가 끝나야지만 승패가 결정난다. 어려움을 참고 극복하다 보면 한 번쯤은 기회가 온다. 그것을 잘 활용하고 살릴 줄 알아야 한다. 마냥 부드럽고 참기만 해도 문제다. 진정으로 강한 사람은 강약 조절을 잘한다. 야구 선수들을 보면 기회에 강한 타자들, 위기 순간에 강해지는 투수들이 있다. 이런 선수들이 각 팀에서 리더이자 에이스 역할을 한다.

대나무는 하늘을 향해 곧게 자라고 옆의 공간을 침범하지 않는다. 빨리 성장하는 나무는 무게를 견디지 못하고 쉽게 부러진다. 하지만 일정한 간격으로 마디가 있는 대나무는 강풍에도 부드럽게 휘어질지언정 절대 부러지는 법이 없다. 인생도 마찬가지다. 아무리 강하고 센 척하더라도 부드러움의 여유에는 당해낼 재간이 없다.

모든 일에 있어서 휴식은 절대적으로 필요하다. 아무리 잘나가던 사람도 한순간에 추락하는 경우를 더러 보았을 것이다. 이런 상황은 자신에 대한 충전이 부족했기 때문이다. 대나무의 마디마디처럼 삶의 중간의 휴식은 스스로에 대한 에너지를 충전시키고 그동안의 시간을 되돌아볼 수 있는 기회를 제공한다.

당장의 돈과 명예, 권력에 얽매이지 마라. 길고 올바르게 가려면 충전을 위한 휴식이 반드시 필요하다. 일에 지쳐 쓰러지기 전에 내 삶의 휴식을 가져라. 강한 자만이 살아남는 것은 아니다. 진정으로 강해지기 위해서는 부드러움의 내공이 받쳐줘야 한다.

03

시련은 나를
성장하게 만든다

어려운 걸 어렵게 처리하는 건 누구나 할 수 있다.
어려운 걸 쉬워 보이게 처리하는 것, 그게 진정한 실력이다.
· 하일성 ·

"단장님, 오늘 저녁 식사 같이 하시죠? 드릴 말씀도 있고 해서요."

"그럼 경기 마치고 같이 식사해요."

야구장에서 만난 분으로, 온 가족이 삼성 유니폼을 입고 매 경기에 빠짐없이 오는 연간 회원이 있었다. 마주칠 때마다 먼저 인사하고 더운 날엔 음료수도 사 주면서 "오늘도 힘내세요."라는 격려도 잊지 않았다. 무엇보다 친절하고 겸손했다. 어색한 사이가 풀리려면 자주 보는 것만큼 빨리 친해지는 방법도 없다.

야구 경기가 있는 날에는 경기 시작 전 일찍 만나서 같이 식사도 하고 야구 이야기, 이런저런 삶의 이야기도 나누면서 빠른 속도로 친해졌다. 나보다 세 살 위의 형으로 기대고 싶을 만큼 편한 존재가 되었다.

외국 출장도 자주 나가는 편이라 올 때마다 내 선물도 사오곤 했다. 가끔은 고가의 물건도 선물로 주어서 받는 입장으로선 부담스럽기도 했지만 "형이라 생각하고 편하게 받아."라는 말 이후로는 진짜 형제처럼 가까이 지냈다.

"형님, 외국도 자주 나가시고 바쁘시네요. 그래도 야구 경기가 있을 때마다 매일 오시고 대단해요."

"야구가 세상에서 제일 재미있고 야구장 올 때가 가장 행복하다."

형님은 야구장이 일터인 나보다도 야구에 훨씬 관심이 많았다. 여가 생활을 즐기는 데도 이렇게 열정을 다하는데 정작 응원단장인 내가 점점 나태해지는 모습이 한심하다는 생각이 들었다.

"형님은 무슨 일 해요?"

"증권사 매니저."

"우와, 그거 돈 엄청 벌잖아요?"

"에이, 안 그렇다."

형님은 포털 사이트에 검색하면 나오는 유명한 사람이었다. 언론 매체에서 펀드 전문가로 투자 강의도 했다. 벤츠 외에도 2대의 개인 차량이 더 있었다. 해외도 일주일에 며칠은 꼭 나가곤 했다.

얼마 후에는 야구장 근처에 오피스텔도 구입해서 야구 박물관을 만들었다. 처음 초대되어 간 날, 나는 놀라움에 입을 다물 수가 없었다. 삼성 선수들뿐만 아니라 유명 선수들의 사인볼은 기본이고 야구 배트, 글러브, 유니폼, 기념품 등 없는 게 없었다. 진열장도 최고급 세트로 깔끔하게 맞춰서 고급스러운 느낌이 물씬 풍겼다.

"형님, 이걸 언제부터 모았어요?"

"어릴 적부터 삼성 팬이라서 삼성 선수들 사인볼은 다 있지. 그리고 원정 선수들 것도 하나씩 모으다 보니 이만큼 되었네. 아 참, 용일아. 야구장에 있다 쉬고 싶을 때 비밀번호 가르쳐 줄 테니 여기 와서 쉬다 가라. 네 집이다 생각하고 편하게 사용해."

"감사합니다! 형님."

그야말로 놀라움의 연속이었다. 천군만마를 얻은 것처럼 형님의 존재는 든든했다.

하루는 형님이 내게 말했다.

"용일아, 일주일에 한 번씩 한 달만 댄스 좀 가르쳐 줘. 하루에 10만 원씩 5주 해서 50만 원 레슨비로 보낼게."

"형님, 저 이제 춤 못 춰요."

말이 끝나기도 무섭게 내 통장에 50만 원이 입금되었다. 이제는 형님이 없으면 아무것도 못할 것만 같았다.

결혼을 석 달 정도 남겨 두었을 무렵, 목돈이 필요해 재테크 전문가인 형님에게 상담을 요청했다. 나는 월 100만 원씩 적립식

펀드에 투자하고, 목돈인 3,000만 원은 형님의 추천에 따라 단기 수익상품에 투자했다. 결혼 준비에 조금이라도 보태기 위해 돈을 불리고 싶었던 욕심이었다.

일주일 후 내 통장으로 500만 원이 입금되었다. 형님 말로는 3,000만 원에 대한 수익이라고 했다. 입이 쩍 벌어졌다. 일주일에 500만 원의 수익이 생기다니 믿기지 않았다. 나는 500만 원을 포함해 대출까지 받아서 총 1,000만 원을 추가로 불입했다. 그리고 혼자 생각했다. '부자 되기 쉽네. 역시 인맥이 중요해' 야구장에 가기 전 형님의 증권사에 들르는 일은 일상이 되었다. 그곳은 이름만 대면 알 만한 유명한 증권회사였다. 형님 직함은 차장이었다.

그런데 언제부턴가 조금씩 형님과의 연락이 뜸해지기 시작했다.

"형님, 바쁘세요? 맡겨둔 3,000만 원은 다음 주에 찾을 수 있을까요?"

"그래, 다음 주에 정리해 줄게."

그런데 일주일이 지나도 연락이 되지 않았다. 어느 날 삼성 선수 중 형님과 친분이 있는 선수에게서 밤 11시가 넘어 전화가 왔다.

"용일이 형, 지금 뉴스 빨리 봐요!"

"왜? 무슨 일 있어?"

인터넷으로 검색을 하자 형님이 수배자 신분이었고 현장에서 체포됐다고 했다. '이게 무슨 날벼락이야! 내 돈은 그럼 어떻게 되는데!' 믿을 수가 없었다. '이제껏 나를 두고 사기를 친 거야' 그때부터 하루라도 술 없이는 잠을 이루지 못했다. 결혼 자금으로 모아 둔 돈은 흔적도 없이 사라져 버렸다. 앞이 캄캄하고 막막했다.

결국 형님은 5년 형을 선고받고 교도소에 들어갔다. 나는 면회를 가서 물었다.

"형님, 저한테 왜 그러셨어요?"

"미안하다, 용일아. 네 돈은 내가 출소하면 꼭 다 갚을게."

결혼 준비에는 비상이 걸린 상태였다. 돈이 필요했기 때문에 아침부터 이곳저곳 돈을 빌릴 수 있는 모든 방법을 총동원했다. 그렇게 가까스로 결혼을 치를 수 있었다. 그리고 소송을 통해 투자 금액의 절반을 받을 수 있었다. 그러나 나는 돈을 되찾는 것보다도 한순간에 사람을 잃은 것이 더 큰 충격으로 다가왔다. 어른들 하시는 말씀에 틀린 것이 하나도 없었다. "아무 이유 없이 호의를 베풀고 잘 해 주는 사람은 분명 어떤 목적이 있기 때문에 다가오는 것이다."라는 것을.

정말 열심히 응원하고 MC 일을 하면서 모아 둔 돈을 한순간에 날려 버렸을 때는 아무것도 손에 잡히지 않았다. 인생의 경험으로 치부하기에는 어린 나이였기에 받아들이기 쉽지 않았다. 성딩에도 가고 사기딩 해 본 지인들도 만나면서 위로를 받았지만 결국 내가 극복해야 하는 것이었다.

'그래, 돌이킬 수 없고 찾을 수도 없는 돈이다. 삶의 지혜를 배우기 위한 비싼 수강료를 지불했다고 생각하자. 내일부터는 절대

떠올리지도 생각하지도 말자!'

이렇게 스스로 다짐했다. 나와 비슷한 경험을 한 사람들도 많을 것이다. 나의 사례는 웃고 넘길 수준밖에 되지 않을 수도 있다. 하지만 당시의 내 인생에서는 가장 큰 위기였다. 다행히 지금 나는 오히려 더 잘 살고 있다. 결혼도 했고 집도 있고 차도 있고 나를 사랑하고 함께하는 사람들도 많다.

어떠한 어려운 일도 생각을 바꾸면 또 다른 길이 보이고 답이 생긴다. 절대 실망하거나 좌절하지 말자. 그러면 당신을 도와줄 사람도 생기고 스스로도 강해질 수 있는 계기가 된다.

04

한계는 마음먹기에 달렸다

100% 희망이 없어질 때까지 결코 불가능한 일은 없다고 생각해야 한다.
장애는 우리의 목표를 성취하기 위해서 넘어야 할 하나의 단순한 단계에 지나지 않는다.

· 짐 애보트 ·

모든 스포츠 선수들의 기본은 체력이다. 프로 야구 선수들도
6개월 동안의 한 시즌을 이겨내려면 체력적으로 뛰어나야 한다.
체력 보강을 위한 운동은 당연지사고, 몸에 좋다는 음식과 보약
도 꼭 챙겨 먹는다. 도핑 테스트에 위배되지 않는 범위 내에 자기
몸을 위해 가장 많이 투자할 수 있는 것이 바로 먹는 것이다.

체력 관리는 선수들에게만 해당되는 것은 아니다. 시즌 내내
공정한 판정을 위해 움직이는 심판들도 체력 운동을 많이 한다.
대부분의 심판들이 현역 선수 출신이라 기본 체력은 뛰어나지만
선수들과 똑같이 경기를 치르기 때문에 여간 힘든 게 아니다.

응원단도 빼놓을 수 없다. 선수들은 그라운드에서 뛰지만 응원단장이나 치어리더는 응원 단상에서 9이닝 동안 소리 지르고 춤을 추면서 응원을 한다. 체력 소모가 많은 만큼 먹는 것도 잘 먹어야 한다. 응원단 회식 비용은 직장인의 한 달 월급 수준이다. 날씬한 몸매의 치어리더들이 먹는 것을 보면 놀랄 수도 있다. "저렇게 많이 먹는데 어떻게 몸매를 유지할 수 있어?" 식당 아주머니가 고기를 가져다주면서 물었다. 그녀들이 날씬한 이유는 먹는 만큼 연습하고 야구장에서 활동하는 것을 보면 이해할 수 있다.

2008년, 응원 단상에서 응원을 하는 도중 몸에 이상한 느낌이 들었다. 갑자기 힘이 빠지고 서 있기도 힘들 만큼 무기력해지고 쓰러질 것처럼 어지러웠다.

"나 지금 몸이 이상하다. 숨이 막히고 못 서 있겠다."

"오빠, 괜찮아요? 얼굴이 하얗고 아픈 사람 같다. 빨리 병원 가봐요!"

"표시 내지 마라. 창피하다. 네가 마이크 잡고 응원 유도 좀 해봐라."

나는 치어리더 팀장에게 인수인계를 한 뒤 억지로 힘을 내서 마이크를 잡고 말했다.

"여러분, 오늘 경기도 이기고 기분도 좋은데 깜짝 이벤트로 야구단 최초로 치어리더가 이번 이닝만 직접 응원을 유도해 보겠습니다. 동의하시면 박수 한번 주세요!"

이렇게 말하고는 응원 단상을 내려왔다. 수많은 관중이 보는 앞에서 아픈 내색을 하기 싫어 억지웃음을 지으니 식은땀이 줄줄 흘러내렸다.

다음 날 병원에 가서 이것저것 검사를 받았다. 검사 결과 갑상선 기능 저하증이라고 했다. 덧붙여 혈압도 높아서 젊은 나이지만 약을 먹는 게 좋을 것 같다고 의사가 말했다. 건강은 누구보다 자신 있었는데 내게 이런 시련이 올 줄이야….

체육대학 출신에 해병대 수색대를 나온 내가 평생 약을 복용하면서 살아야 한다는 것을 도저히 받아들일 수가 없었다. 나는 의사에게 이유를 물었다.

"제 직업이 목을 많이 쓰는 편이라서 갑상선 기능 저하증이 생긴 건가요?"

"그것과는 전혀 상관없습니다. 유전적인 요인도 있을 수 있고, 현대인에게 흔히 발생하는 질환입니다. 보통 남성보다 여성의 발병률이 높긴 한데…."

20대 중반에 혈압 약과 갑상선 약을 평생 복용해야 된다는 사실을 인정할 수가 없었다. 내 병명을 알고 난 후부터 모든 일에 소극적으로 변했다. 혹시나 무리하면 몸에 이상 징후가 심해질까 봐 겁이 났다. 야구장에서 가장 밝은 미소와 활발한 모습으로 응원해야 할 응원단장이 굳은 표정과 정적인 자세로 우렁찬 목소리한 번 지르지 않고 휘슬로만 응원 유도를 한다면 관중들은 어떻게 생각하겠는가?

하루하루가 너무 힘들었다. 의욕이 없으니 만사가 귀찮아졌다. 특히 다음 날 야구 경기가 있는 날이면 걱정이 되어 잠이 오질 않았다. 매일 밤 자포자기하는 심정으로 생각했다.

'이렇게 내가 좋아하는 일을 그만둬야 하는 것인가.'

나약한 모습을 보이는 것은 스스로가 용납할 수 없었다. 부모님께는 말씀 드리지도 못하고 혼자서 끙끙 앓았다. 술을 마시지 않으면 잠들지 못했다. 당장 죽을병도 아닌데 왜 이리 호들갑이냐고 생각할 수도 있지만 누구보다 건강했고 매일 운동도 하던 내게 뜬금없이 평생 약을 복용해야 한다는 사실은 받아들이기 힘든 일이었다.

결국 스스로 일어나는 수밖에 없었다.

'평생 안고 가야 하는 것이라면 받아들이자. 내게 주어진 운명이라고 생각하고 더 열심히 살자.'

이렇게 다짐한 뒤 다시 시작한다는 마음으로 세상을 바라보았다. 건강 관리도 더 열심히 하고 일에 있어서도 긍정 에너지를 뿜어내자고 수없이 다짐했다. 결국은 마음가짐의 문제다. 인생을 살아가면서 내게 주어진 모든 것은 나로 인해 생겨난다. 회피하지 말고 직접 마주해야 한다. 기도도 하고 책도 읽고 주변의 친한 사람들과 수다도 떨면서 나는 불안함과 걱정을 조금씩 극복할 수 있었다.

지병이 있다는 것을 주위에 알리고 난 후 나는 오히려 홀가분해졌다. 나보다 훨씬 아픈 사람들이 많은데 엄살을 부린 것 같아 부끄러웠다. 스스로에게 채찍질을 하면서 계획적으로 살려고 노력했다. 그러자 서서히 원래 나의 상태로 돌아오는 것 같았다. 사람은 아프고 나면 성장한다고 했던가. 모든 것이 소중하게 느껴지고 나의 존재가 이만큼 컸구나, 하는 생각에 자신감을 얻는 계기도 되었다. 시련이 있기에 오늘이 있고 이것을 극복하고자 노력했기에 행복이 뒤따른 것이다. 만약 아픈 것만 생각하고 방 안에만 처박혀 있었다면 결국 나만 손해였을 것이다.

내가 정하지 않는 한 한계란 있을 수 없다. 스스로를 틀에 가두지 말아야 한다. 각박한 세상 속에서 순리대로 산다는 것은 참 힘들다. 그러다 보니 병도 생기고 일도 풀리지 않고 때로는 좌절도 하게 된다.

시간이 흐른 지금은 지병이 좀 더 많아졌다. 하지만 예전처럼 좌절하기보다는 순순히 받아들인다. 약을 먹지만 건강이 좋지 않다고 생각하지는 않는다. 미리 예방 차원에서 식습관 조절부터 운동도 열심히 하고 있다. 병 따위에 내 인생을 포기할 수는 없다.

오늘도 우리는 저마다의 시련 속에서 세상을 살아간다. 아무리 돈이 많고 하고 싶은 대로 다 하고 산다고 해도 걱정이 없는 것은 아니다. 다만 그 속에서의 행복의 가치를 어떻게 느끼느냐가 삶의 이유라고 생각한다. 지금 어렵고 힘든 건 단지 순간일 뿐이다. 나는 오늘도 그 속에서 웃음을 찾고자 열심히 하루를 살아간다.

05

위기 뒤에는
항상 기회가 온다

아무리 강타자를 끌어모아도 팀 타율은 3할이 한계다. 나머지 7할은 범타다.
7할의 범타를 잘 활용해야 3할의 안타가 귀중한 역할을 할 수 있다.

· 노무라 카츠야 ·

스포츠계에는 '위기 뒤에 기회가 온다'라는 속설이 있다. 실제로 그런 경우가 많다. 공격을 하는 팀에서 결정적인 기회를 살리지 못하면 분위기가 식어 버리고 쉽게 실점을 하게 된다. 반면 수비를 하는 팀에서는 어려운 상황을 잘 극복하면 없던 힘도 생겨나 좋은 기회로 이어지는 경우가 많다.

아무런 어려움 없이 살아온 사람들은 작은 어려움에도 힘들어한다. 위기에 직면해 본 적이 없기 때문에 어떻게 해결해야 할지 몰라 아등바등한다. 그러나 고통과 역경을 많이 겪은 사람들은 정신적·육체적으로 단련이 되어 웬만해서는 무너지지 않는다.

삶을 살아가면서 맞닥뜨리는 많은 위기들은 사소한 실수에서 시작되거나 혹은 별것 아니라고 생각해 넘어가면서 자주 발생한다. 이러한 것들이 삶을 힘겹게 하고 의욕을 떨어뜨린다. 계속된 좌절 속에 스스로를 자책하고 심지어는 극단적인 선택을 하는 경우도 있다.

2009년 12월, 나는 서른세 살의 나이에 결혼했다. 그리고 3년 후 아내가 임신을 했다. 집안의 장손인 나의 2세 소식은 할머니를 비롯한 친척들에게도 큰 관심거리였다. 어렵게 얻은 아기인 만큼 아내도 매사에 신중하고 조심했다. 일주일마다 병원에 검사를 받으러 가면 초음파로 아이의 심장소리를 들을 수 있었다. 신기하기도 하고 내가 부모가 된다는 사실이 실감이 나지 않았다.

아내의 배가 조금씩 나오고 입덧을 시작할 무렵이었다. 설 연휴를 맞아 부부 동반으로 제일 친한 성당 친구들과 만났다. 임신 사실을 알리자 많은 축하와 함께 먼저 출산한 친구들의 경험담을 들으며 즐거운 마음에 연거푸 술잔을 부딪쳤다.

설날 당일 본가에서는 차례를 지낸 후 부모님과 친척들이 축하 파티를 해 주셨다. 이제 10주 정도 됐는데 너무 이른 감이 없지 않았지만 마냥 신나고 즐거웠다. 처가에서도 아내는 제일 상전이었다. 손 하나 꼼짝하지 않고 먹고 싶은 것, 하고 싶은 것을 내게 마음대로 시켰다. 그래도 귀찮지 않고 귀여운 애교로 느껴졌다. 얼마나 기다렸던 아이인가.

다음 날, 임신 10주 차를 맞은 아내의 정기검진을 위해 병원에 갔다.

"최인경 님, 들어오세요."

아내는 웃으면서 진료실에 들어갔다. 그동안 나는 밖에서 여느 보호자와 다름없이 잡지책을 보며 기다렸다. 그날따라 시간이 오래 걸리는 것 같았다. 아내가 한참을 나오지 않자 괜히 불길한 예감이 들었다.

"최인경 보호자님, 들어오세요."

"네."

찝찝한 마음에 빨리 뛰어 들어갔다. 그런데 아내가 보이지 않았다. 두리번거리다가 구석을 쳐다보니 아내가 훌쩍거리고 있었다.

"왜 우노? 무슨 일 있나?"

의사 선생님이 입을 열었다. 제발 내가 생각하는 그 말만은 안 듣길 간절히 바랐다.

"안타깝게도 유산됐습니다. 태아의 심장이 뛰질 않습니다."

설 연휴에 이게 무슨 날벼락인가. 어제까지 어른들에게 잘 키우라는 격려를 받았는데 하루 만에 어떻게 이런 일이 생기나 싶었다. 하늘이 무너진다는 표현은 이럴 때 쓰는 것이었다. 아내는 너무 많이 울어서 정신이 없었다. 나 역시도 어쩔 줄 몰랐지만 애써 정신을 차렸다. 선생님의 설명을 듣고 다음 주에 수술 일정을 잡았다. 아내를 부축해서 집으로 오는 길은 세상에서 가장 멀고 우울한 길이었다. 처갓집이 우리 집과 가까워서 먼저 들렀다. 말이 필요 없이 우리 둘의 표정에서 알 수 있었던가 보다. 장인어른께서는 "괜찮다. 더 좋은 아이가 올 거니까 걱정 마라." 하며 위로해 주셨다. 장모님께서는 너무 울어 눈이 통통 부은 딸의 모습을 보기 힘드신지 아무 말 없이 방으로 들어가셨다.

집으로 돌아온 우리는 멍하니 시간을 보냈다. 아무 일도 손에 잡히질 않았다. 배가 고프다는 생각도 들지 않았다. 아내는 침대에 누워서 하염없이 울기만 했다. 집에 불도 켜지 말아달라고 부탁했다. 내가 할 수 있는 유일한 것은 아무 말 않고 곁에 있는 것뿐이었다.

그렇게 일주일이 흘렀다. 암흑 속의 시간이었다. 수술 당일 아내와 함께 병원에 갔다. 지난주까지만 해도 환하게 웃으며 손잡고 들어왔는데 그 순간은 걱정의 마음을 붙잡고 함께 들어갔다. 약한 시간 정도의 수술을 무사히 마치고 선생님의 위로를 뒤로한채 병원을 나섰다. 아내는 그제야 배가 고픈 모양이었다. "맛있는 거 사 줘." 얼마 만에 아내가 웃으면서 말하는 건지 새삼스러웠다. 식당에서 밥을 먹으며 내가 말을 꺼냈다.

"여행 갈래? 이렇게 된 거 빨리 털고 일어나자. 내일 당장 출발하자."

"응. 머리 좀 식히고 싶다. 빨리 가자."

다음 날 우리는 제주도로 떠났다. 그곳에서 일주일 동안 많은 이야기를 나누며 기분 전환도 하고 새로운 다짐도 했다. 전화위복이라고 했던가. 여행을 갔다 온 다음 달에 바로 임신이 되었다. 한 번의 유산이 미안하셨는지 하느님께서는 쌍둥이를 선물로 주셨다. 냉탕과 온탕을 오가고 극과 극을 달리며 슬픔과 외로움이 전부였던 우리 부부의 삶에 큰 축복을 내려 주신 것이다. 이렇게 탄생한 쌍둥이가 지금은 다섯 살이 되어서 온갖 애교로 아빠 엄마의 인생에 최고의 보물이 되었다.

때로는 힘든 일을 겪고 나면 언제 그런 일이 있었는지 싶을 정도로 자신도 모르게 단단해지기 마련이다. 우리 부부는 아이의 유산으로 인해 힘든 시기를 겪었지만 대신 많은 것을 얻었다. 요즘 우리 부부는 쌍둥이들이 밤에 잠들면 맥주 한 잔씩 하면서 그때의 힘들었던 기억을 떠올리며 웃곤 한다.

세상을 살다 보면 수많은 위기가 우리의 앞을 가로막는다. 학생일 때는 입시 스트레스, 직장인일 때는 상사로 인한 스트레스와 진급 문제, 결혼 후 부부 사이에 일어나는 다양한 문제로 슬픔과 기쁨이 교차한다. 이 모든 게 세상을 살아가는 과정이다. 이를 그서 괴로움과 좌절로 치부해 버리고 순응해 버리는 사람들은 미래에 반드시 후회하게 된다. 그런 어리석음을 범하지 말고 위기에 정면으로 맞서 이겨낸다면 또 다른 기회가 당신을 기다리고 있을 것이다.

06

9회말 2아웃,
기회를 잡아라

고난은 모두 자신의 기준이 만들어 낸 착각일 뿐이다.

· 박찬호 ·

'야구는 9회말 2아웃부터'라는 말을 들어 보았을 것이다. 마지막까지 희망의 끈을 놓지 말자는 결의일 수도 있고, 한편으로는 상대가 제일 방심하는 순간에 기회를 맞이할 수도 있다는 것이다. 이 순간의 주인공이 당신이라면 어떤 마음이 들겠는가? 야구 이외의 다른 종목에서도 똑같은 경우는 많다. 축구 결승전 승부차기의 마지막 키커, 농구 4쿼터 종료 후 동점 상황에서 추가 자유투 하나를 얻었을 때, 배구 5세트 듀스 상황 등은 보는 팬의 입장에서도 모든 신경이 곤두서고 심장이 두근거린다.

인생을 살면서 9회말 2아웃과 같은 상황을 수없이 경험하게 된다. 절체절명의 순간에 놓인 자신의 모습이 처량하게 느껴진다면 현재의 삶 자체가 만족스럽지 않은 사람일 확률이 높다. 반면이 순간을 즐기며 해결사 역할을 하는 사람은 모든 이에게 선망의 대상이 됨은 물론, 하루하루가 즐겁고 행복할 것이다.

이 순간의 선택이 엄청난 기회가 될 수도 있고 아니면 크나큰 후회로 남을 수 있다. 그렇기 때문에 인생의 승부처에 강한 사람이 되기 위해서 노력을 게을리해서는 안 된다. 갑자기 기회가 찾아올지도 모르고 인생의 귀인을 곧 만나게 될지도 모르는 게 세상사다.

나는 이벤트 행사도 하고 강의도 하기 때문에 차에 여러 벌의 의상을 싣고 다닌다. 예전에 제동이 형의 차를 운전하면서 따라다닐 때의 상황과 비슷하다. 제동이 형의 차는 제2의 집이나 마찬가지였다. 의상은 물론이고 기타와 쌍절곤도 있었다. 지저분해도 없는 게 없는 만능 차였다. 일정한 업무 시간이 정해진 직장인이 아니기 때문에 언제라도 행사나 강의에 투입될 수 있는 만반의 준비를 해 놓는 것이다. 실력 향상을 위한 노력은 누구나 한다. 하지만 진정한 실력은 어떤 상황에서라도 몸이 저절로 반응하고 체화되어 자신도 모르게 나오는 것이다. 이런 사람들을 고수, 전문가 혹은 달인이라고 부른다.

목표를 이룬 경험이 있는 사람들은 달콤한 열매의 맛을 안다.

즉 시련을 견디는 것에 익숙해지면 의지력은 점점 강해지고 그로 인해 희미했던 목표도 섬광처럼 밝게 빛난다.

불과 10여 년 전만 하더라도 나는 하루에 담배 3갑을 피웠고 소주는 5병이 기본이었다. 주말은 말할 것도 없고 매일 밤마다 술 마시는 것을 당연한 의식처럼 여겼다. 자기계발은 사치였다. 또래보다 좀 더 벌면서 화려하게만 보이는 직업이 벼슬인 줄 알던 시절이었다. 위급하고 절체절명의 순간은 내 인생에 없다고 생각했다.

이런 삶에 변화가 생긴 것은 갑상선 기능 저하증과 고혈압 진단을 받으면서부터다. 체대 출신에 해병대 수색대를 전역한 내가 건강에 발목 잡힐 줄은 상상도 못했다. 아프다는 사실을 받아들이지 못한 채 허송세월을 보내다 문득 나 자신을 되돌아보며 삶에 대한 반성을 하는 시간을 갖게 되었다.

'언제까지 응원단장을 할 수 있을까', '현재의 수입은 계속 유지할 수 있을까?', '응원단장을 그만두면 나는 뭘 하고 살아야 할까', '결혼은 할 수 있을까' 등등 머릿속이 복잡했지만 조금씩 정리가 되면서 희미한 길이 보이는 듯했다. 당장은 아니지만 분명 위기도 올 것이고 결정적인 선택의 순간도 맞이할 것이다. 그 순간을 극복하지 못하면 실패자로 낙인찍힌다는 생각에 두려워졌다.

이때부터 담배를 끊고 술을 줄였다. 손 놓았던 책을 다시 집어 들었고 MC 공부도 다시 시작했다. 나는 배우는 것에 대한 투자는 조금도 아끼지 않는다. 새벽에 영어학원도 등록하고 헬스와 수영도 병행했다. 하루 24시간이 부족할 만큼 빡빡하게 생활했다. 무언가를 배울 때는 관점을 넓혀야 한다. 끝을 볼 각오로 덤벼야만 제대로 된 결과물을 얻을 수 있다. 프리랜서는 1인 기업가다. 본인이 사장이자 주인이기 때문에 목숨 걸고 하는 것은 당연하다.

이런 결심을 하기 전까지 나의 생활은 인간관계의 연속이었다. 계 모임이 5개 정도나 됐고 동호회 모임을 비롯해 매주 주말은 쉴 틈이 없었다. 말이 모임이지 전부 술자리였다. 변화가 필요했다. 모임도 중요하지만 나에게 투자해야 할 시간이 더욱더 소중했다. 결심을 한 이후 나는 더 이상 모임에 참석하지 않았다.

"용일이 이상해졌다. 왜 저래 변했노? 저래 살면 안 되는데."

친구들과의 수많은 모임이 내 인생을 책임져 주지는 않는다. 내가 성공해서 멋진 모습으로 나타나면 그들이 다시 날 찾을 것이라는 확신이 들었다.

'내가 성공한 후 달라진 모습으로 멋지게 한턱낼 때까지 기다려라. 친구들아, 서운해도 참고 기다려 줘.'

한 달 정도 모임을 나가지 않고 술과 담배를 멀리하자 정신적·육체적으로 변화가 생기기 시작했다. 물론 좋은 쪽으로 말이다. 새벽에 일찍 일어나고 밤늦게 먹는 야식도 끊었다. 그러자 위장도 편해지고 다이어트도 되면서 예전의 건강했던 몸매로 서서히 바뀌었다. 결국 일도 건강도 해결해 줄 수 있는 건 자기 자신뿐이다. 아프다고 환자처럼 누워 있기만 하고 비관적인 생각만 한다면 오히려 병은 악화될 것이다. 직장 일이 안 풀리고 상사들의 시달림 때문에 힘들다면 관점을 바꿀 필요가 있다. 이 역시도 자신만이 해결할 수 있는 문제다.

자신의 능력을 키우고 가치를 높이기 위한 방법들은 많다. 약간의 의지만 있으면 누구든지 해낼 수 있다. 프리랜서는 주말이 바쁘다. 대부분의 사람들이 쉬는 날에 여가를 활용하고 즐거움을 찾기 때문에 이벤트 행사도 주말이나 휴일에 많이 열린다. 행사를 진행하는 나로선 더 바쁠 수밖에 없다. 하지만 감히 말할 수 있는 건 퇴근 후의 시간과 주말이 당신의 경쟁력을 높일 수 있는 절호의 기회라는 것이다.

누구나 편하고 안락한 것을 좋아한다. 건설적이고 창조적인 활동을 하는 것은 쉽지 않다. 그래서 게을러지는 것이다. 제일 게을러지는 시간이 주말이기 때문에 이 시간의 활용도를 잘 생각해서 계획을 세워 보길 바란다.

나에겐 가장 바쁜 주말이지만 독서와 책 쓰기로 시간을 활용한다. MC와 강사는 잡학 다식해야 한다. 공부하기 제일 좋은 장소가 바로 행사 현장이다. 일터인 행사장이 실전 무대이자 자기계발을 하기에 적합하다. 현장에서 벌어지는 일에 대한 피드백을 바로 받을 수 있으며, 여유 시간을 활용해 독서도 할 수 있고, 책을 쓰는 데 필요한 에피소드를 만들 수도 있기 때문이다.

주 5일제 근무 시행 후, 금요일부터 마음이 들뜨기 시작한다. '불금', '불토'라는 말이 괜히 생겨난 것이 아니다. 누군가는 새벽 늦게까지 젊음을 불사르기 위한 유흥으로 사용하는 반면, 또 다른 이는 24시간을 48시간으로 만들어 불금, 불토를 활용한다. 가끔씩 스트레스를 풀기 위해 젊음에 몸을 맡기는 것도 좋지만, 인생의 9회말 2아웃을 대비하기 위한 좋은 시간은 남들이 무심코 놀고 즐길 때다.

프로 야구 선수들은 주말이 없다. 명절 분위기도 TV로만 느낄 수 있다. 시즌 동안 날짜와 요일 개념이 없는 만큼 팍팍할 수도 있다. 하지만 이러한 것을 잘 견뎌내는 선수들은 결국 스타 선수로 성장한다. 그에 대한 보상은 일반인은 상상하기 힘든 엄청난 액수의 연봉이다. 내가 살아가는 인생의 시계를 잘 활용하고 절체절명의 9회말 2아웃을 극복하기 위한 의지력을 불태워라. 결국 해결사는 바로 나 자신이다.

07

직구로 정면 승부하라

완벽한 스윙이란 없다. 연습만이 있을 뿐.

· 테드 윌리엄스 ·

　나는 매주 토요일 밤이 되면 다음 날 있을 사회인 야구 경기에 대한 설렘에 잠을 이루지 못한다. 야구라는 두 글자는 아직까지도 나를 흥분시키고 오감을 자극한다. 누가 보면 야구 선수라고 착각할 정도로 야구와는 떼려야 뗄 수 없을 만큼 각별한 사이다. 사회인 야구를 시작한 지 10년이 지났는데도 항상 새롭고 여전히 어렵다. 그래서 더 재미있다.

　야구장이라는 승부의 세계에서 일하다 보니 여가시간에도 편하게 즐기는 것보다 직접 뛰고 부딪쳐야 한다. 야구장에서 일해서 좋은 점은 너무나도 많다. 그중 하나는 선수들과의 친분으로 인해 그들의 용품을 한 번씩 선물 받는 영광을 누릴 수 있다는 것이다. 선수들이 친히 하사한 야구용품을 마치 내 것인 것처럼 자랑하는 허세도 색다른 즐거움이다.

나는 왼손잡이다. 실제로는 양손잡이나 다름없다. 야구는 왼손으로 하고 골프는 오른손, 글자를 쓰거나 밥을 먹는 것도 오른손으로 한다. 그래서인지 양손을 자유자재로 사용한다. 사회인 야구에서 내가 맡는 포지션은 투수, 1루수, 중견수 등이다. 나이가 들면서 주력도 약해지고 체력도 약해지면서 중견수는 물려주고 그나마 덜 움직이는 1루수를 자주 맡는다. 포지션마다 상황이 벌어졌을 때 수비요령이 제각각 다르다. 머릿속에서 항상 생각하고 예상해야만 수비일 때 실수를 줄일 수 있다.

왼손을 사용한다는 희소성 때문에 팀에서 투수로 등판하기도 한다. 20대 후반일 때만 해도 나는 자타 공인 강속구 투수였다. 내 공이 빨라서 타자가 못 칠 것이라는 확실한 믿음이 있었다. 또한 삼진을 잡았을 때의 쾌감을 느끼고자 무조건 직구로 정면 승부했다. 하지만 이제는 타자와의 심리 싸움이 필요한 나이가 되었다. 힘 대 힘으로는 안 되는 것을 스스로도 알기 때문에 기교파로 변신이 필요한 시기다. 결국 야구도 명석한 두뇌와 정신력이 강한 선수들이 성공한다는 것을 사회인 야구를 통해 몸소 체험한다. 이런 상황들이 베테랑의 존재 가치를 부각시키는 것이다. 젊고 빠르고 강한 선수들만 있다고 해서 우승할 수 없는 이유이기도 하다. 신구 조화가 있어야만 모든 상황을 대비할 수 있다.

응원단장으로 활동하던 시절, 잠실에서 두산 베어스와의 원정 경기가 있는 날이었다. 2박 3일간의 출장이기 때문에 준비할 것이 많다. 응원에 관련된 소품들을 챙기고 치어리더는 세 번의 경기 동안 입어야 하는 옷들을 준비한다. 우리가 타고 갈 12인승 승합차는 빈틈이 보이지 않을 만큼 소품들로 가득 찼다.

다음 날 아침, 잠이 덜 깬 사람들이 부스스한 모습으로 차에 몸을 싣고 출발했다. 운전할 수 있는 사람은 내가 유일했다. 4시간의 운전과 4시간의 응원. 원정 경기를 갈 때마다 일복이 터진다. 그래도 서울 원정 길은 늘 기대되는 여행이다.

원정 경기는 홈경기와는 달리 불편함을 감소해야 한다. 따로 대기실이 마련되는 것도 아니고 옷도 차에서 갈아입어야 한다. 치어리더는 화장실에 있는 거울을 활용해서 안무 연습을 한다. 응원 진행에 있어서도 상대팀의 스케줄에 맞춰 응원을 유도해야 한다. 이러한 조건 속에 경기를 마치고 나면 피로감은 홈경기보다 훨씬 크다. 그래서 원정 경기 3연전 동안 경기 외에는 가급적 자유 시간을 주었다. 내가 총괄 담당자였기 때문에 모든 관리를 하고 책임을 졌다. 다들 성인인 만큼 사생활을 침해하지 않고 경기에 방해되지 않는 범위 내에서 친구들도 만나고 술도 한잔하라며 편하게 해 주는 편이었다.

3연전 중 마지막 날이었다. 경기를 마치고 응원석에서 짐을 정리한 후 주차장으로 가는 길에 예상치 못한 일이 발생했다. 각자 짐을 들고 이동하는데 대북 요원 한 명이 북을 들고 VIP 차량이 주차된 곳으로 오다가 그만 엄청난 일을 저지르고 말았다. 홈 팀인 두산 베어스 구단주가 이날 방문했는데 불행하게도 그 차량 앞에 부딪히며 달려 있던 로고를 부러뜨린 것이다. 차량 안에 있던 기사가 깜짝 놀라 나왔다. 고급차인 탓에 지나가던 사람들도 멈춰서 다 쳐다보고 있었다.

나는 제일 먼저 내려와 승합차에 에어컨을 빵빵하게 틀어 놓고 갈 준비를 다 마친 상태였다. 누군가 엄청 놀란 표정을 지으며 차로 달려오는 모습이 백미러에 들어왔다.

"단장님! 큰일 났습니다."

"무슨 일인데?"

"대북 요원이 이쪽으로 오다가 그만 엄청난 실수를…."

"도대체 뭔데? 빨리 가 보자."

경기도 이기고 기쁜 마음에 대구로 출발하려던 순간 어떤 일이 벌어졌기에 어린 친구들이 사색이 되어 놀랐을까. 오만가지 생각이 머리를 스쳤다. 처음엔 누가 크게 다친 줄 알았다. 사람들이 둘러싸고 있는 곳을 뚫고 들어가자 최고급 차 앞에 두산 구단 관계자들이 모여 있었다. 상황을 본 순간 무슨 일인지 파악할 수 있었다.

"안녕하십니까. 삼성 라이온즈 응원단장 김용일입니다. 저희 팀원들이 큰 실수를 저질렀는데요. 제가 총책임자인 만큼 모든 것을 변상하도록 하겠습니다. 그런데 여기 사람들이 많으니 사무실로 이동해서 말씀을 나누는 게 어떨는지요?"

"그래요. 따라오세요."

나는 가기 전 나머지 사람들에게 말했다.

"걱정 말고 짐 챙기고 차에서 쉬고 있어라. 에어컨 시원하게 틀어놨데이."

애써 태연한 척하면서 두산 구단 사무실로 향했다. 나는 담당자에게 상황을 설명한 뒤 그에 따른 모든 책임을 지겠다고 말씀드렸다. 그러자 담당자가 웃으면서 말했다.

"이거 얼마 정도 드는지 아세요?"

"아뇨, 잘 모릅니다."

"일단 대구 가셔야 되니까 출발하세요. 다시 연락드릴게요."

무거운 마음을 안고 승합차로 돌아온 뒤 "잘 해결됐으니 신경 쓰지 마라." 이야기하고 운전대를 잡았다. 오늘따라 서울에서 대구는 왜 이렇게 멀기만 한지 머릿속이 복잡한 상태로 앞만 보고 달리다 보니 어느새 휴게소에 도착했다. 지갑을 들고 식사를 하러 가려는데 내 가방이 보이지 않았다.

"내 가방 어딨노?"

"뒤에 있는데요?"

"없으니까 그러지. 응원복 가방도 안 보이는데?"

이때부터 차에 있는 짐을 모두 빼고 가방을 찾았다. 그러나 가방은 보이지 않았다. 그 안에는 지갑과 다이어리, 디지털카메라, 응원가 CD 외에도 개인적인 물건들이 들어 있었다. 잃어버린 것이다.

나중에 알고 보니 상황은 이러했다. 대북 요원들이 야구장에서 사건이 있은 후 어쩔 줄 모르는 상황에 짐을 챙기다가 내 가방을 빠뜨린 것이다. 진짜 미칠 것 같았다. 속으로 화가 치밀어 올라 온몸이 부르르 떨렸다. 순간 마음속으로 심하게 갈등했다. 야구장에서도 큰 실수를 했고 분실 사고까지 낸 대북 요원들이 너무 미웠다. 크게 화를 낼까 생각도 했지만 이제 갓 스무 살이고 아르바이트 일당 3만 원 받는 어린 친구들이었다. 결국 '얘들도 지금 이 순간이 얼마나 힘들까' 속으로 삭히며 화를 참았다.

"괜찮다. 밥 먹자!"

지금은 한참 지난 일이라 편하게 이야기할 수 있지만 당시에는 너무 힘들었다. 차량 파손 금액은 78만 원이었는데 외국에서 수입해야 된다고 했다. 하지만 회피하지 않고 정중하게 책임지려는 내 모습을 보고 지체적으로 헤결했디고 한디. 그리고 내 가방을 잃어버린 대북 요원들은 현재는 둘도 없는 동생들이 되었다.

이처럼 어떤 상황에서도 회피하기보다는 정면으로 부딪치고 밀고 나가야 한다. 그리고 이미 벌어진 일이라면 후회해 본들 돌이킬 수 없는 일이다. 있는 그대로 상황을 받아들였던 것이 지금에서야 진정한 인간관계를 형성하는 계기가 되었다.

나는 오늘도 수많은 선택을 하고 예상치 못한 일들에 직면한다. 이를 극복하기 위한 최선의 방법은 있는 그대로 받아들이고 정면 돌파하는 것이다.

08

불가능을 가능하게 만드는
긍정의 힘

야구를 향한 나의 열정은 스피드 건에 찍히지 않는다.
· 톰 글래빈 ·

고등학교 2학년 때 대학별 고사 시험 후 웃지 못할 사건이 있었다. 학교 시험이나 수능 시험도 아닌 대학교별 변별력 테스트를 위한 시험이 바로 대학별 고사다. 대학교 입시에 포함되는 시험 중 하나로, 나는 이 시험에서 초·중·고등학교를 통틀어 내가 받은 성적 가운데 최고인 전교 2등을 했다. 원래 내 성적은 반에서 평균 15~20등 수준이었다. 이런 내가 놀랄 만한 성적을 받았으니 그야말로 잔치를 해야 할 판이었다.

"김용일, 수업 끝나고 남아."

"네, 알겠습니다."

나는 성적에 대한 칭찬을 하시려고 담임 선생님께서 남으라는 것으로 생각했다. 하지만 그런 기대는 처참하게 박살 나 버렸다.

"김용일, 너 누구 거 베꼈어? 솔직하게 말해."

"전 베끼지 않았습니다. 진짜입니다."

"야, 임마! 네가 어떻게 전교 2등을 할 수 있어? 거짓말 하지 말고 빨리 말해!"

"아니에요, 선생님. 진짜라니까요?"

"끝까지 얘기 안 하겠다 이거지? 내일 부모님 모시고 와."

선생님은 질풍노도의 시기를 보내고 있던 나에게 돌이킬 수 없는 상처를 주셨다. '나 같은 인간도 칭찬받는 날이 있구나'라며 들떠 있었는데 엄청난 좌절과 충격이 어리고 순진한 마음을 강타한 것이다. 성적표를 받았을 때 '나도 노력하면 되는구나'라고 생각했던 다짐은 영원히 공부와 작별하게 되었다. 그 이후로 고등학교를 졸업할 때까지 내 성적은 늘 20등 언저리만 머물렀고 공부에 대한 생각은 완전히 접었다.

세상에는 안 되는 일도 많지만 '할 수 있다'라는 자신감으로 불가능을 가능케 하는 경우가 더 많다. 하고자 하는 의욕과 자신을 믿는 굳은 신념, 포기하지 않는 노력이 어우러질 때 엄청난 효과를 불러온다. 물론 결코 쉬운 일은 아니다. 이러한 요소가 어우러진다고 해서 바로 좋은 결과로 나타나지는 않기 때문이다. 그래서 좌절하고 포기하게 되는 것이다.

사람에게는 누구나 잠재의식의 힘이 있다. 이것을 어떻게 활용하느냐에 따라 인생은 완전히 달라진다. 잠재의식이 발휘될 때는 예상치 못한 긍정의 결과를 가져온다. 그러므로 어떤 일을 함에 있어 의식적으로 긍정을 생각해야 한다. 그러면 뇌도 그것이 옳다고 생각하고 그렇게 행동하도록 지시를 내린다.

내가 야구장에서 일한 지도 어느새 20년이 넘었다. 나이가 가장 어린 선수보다 내가 일한 시간이 더 길다. 야구 선수는 아니지만 함께 있다 보니 수많은 선수들의 성장 과정도 지켜봤고 한순간에 무너지는 안타까운 선수들, 재능은 타고났지만 1군 무대에 적응을 못하는 선수 등 다양한 선수들을 수없이 봤다.

대부분의 선수가 어릴 적부터 야구를 시작한 만큼 기량은 백지 한 장 차이다. 타고난 신체적 능력은 차이가 있을지라도 실력은 비슷비슷하다. 다만 1군과 2군, 주전과 비주전으로 역할이 나눠지면서 그때부터 성장 속도가 완전히 달라진다.

그렇다면 선수들이 성장하는 데 있어서 가장 중요한 것은 무엇일까? 바로 마음가짐이다. 연습 경기와 실전 경기의 부담감 차이, 관중이 있고 없고의 차이, 상대가 스타 선수일 때 주눅 드느냐 마느냐의 차이가 선수들의 수준을 가르고, 결국 성공 여부가 판가름 나는 것이다.

지금 야구장에 있는 신인 선수들에게 감히 말하고 싶다. 야구

하나만을 바라보고 프로에 입단한 것만으로도 대단한 일이다. 하지만 지금부터가 진짜 경쟁이다. 여기에서 승리하려면 자신만의 확실한 철학과 비법이 필요하다. 노력은 누구나 똑같이 하는 필수 전공과목이다. 이 외의 과목들을 잘 소화해야 한다. 야구와 관련된 기술적인 부분보다 정신적인 내면을 강하게 단련시켜야 한다는 말이다. 그래야만 100% 가까이 능력을 발휘할 수 있다.

대한민국을 대표하는 야구 선수였던 이승엽, 박찬호가 그저 야구 잘하는 선수에서 슈퍼스타로 성장할 수 있었던 것은 바로 할 수 있다는 긍정의 자신감을 어떠한 위기 순간에도 표출할 수 있도록 훈련했기 때문이다. 이러한 훈련을 통해 결정적인 순간에도 강하고 위기의 순간도 극복할 수 있었던 것이다.

내가 대학원에 다닐 때의 일이다. 수업 시간에 영어원서 50장을 해석해 오라는 과제를 받았다. 나는 고등학교 졸업 이후 영어와 인연을 끊은 상태였다. 하지만 대학원 수업의 기본은 영어다. 회화는 물론이고 독해, 응용 능력도 필요했다. 처음 영어원서 교재를 펼치는 순간 눈앞이 깜깜했다. 해석은 제쳐 두더라도 모르는 단어들이 너무 많았다. 영어사전을 펼쳐서 일일이 찾다 보면 2시간이 훌쩍 지나갔다. 진도는 거의 나가지 않고 단어만 찾는 데 시간이 너무 오래 걸려서 포기하고 싶은 마음뿐이었다.

'어차피 해야 할 일이니까 끝까지 해 보자.'

나는 다시 마음을 다잡았다. 요령이 생기자 조금씩 속도가 빨라졌고 페이지 수가 줄어드는 것이 신기했다. 마침내 다음 수업 시간까지 과제를 끝낼 수 있었다. 안 된다고 생각했던 마음을 접고 '할 수 있다'고 결심하자 불가능해 보였던 것이 가능해진 것이다.

어떤 일을 시도할 때 도저히 불가능할 것이라고 생각하면 당연히 불가능하게 된다. 정신과 육체가 '안 된다'고 반응하기 때문이다. 당연히 의욕도 없고 일하는 자체가 두렵다. 하지만 '할 수 있다'라는 마음은 긍정의 에너지를 뿜어내며 없던 힘도 생겨나게 한다. 자신이 살아온 날들을 돌아보면 여러 가지 경험들이 떠오를 것이다. 세상에 부딪힐 때마다 의심하지 말고 자신을 믿어라. 몸과 마음을 긍정으로 단단히 무장해라. 그리고 "할 수 있다!"라고 힘차게 외쳐 보자.

PART

3

아마추어에서
프로가 되다

01

영원한 국민 타자, 이승엽

진정한 노력은 결코 배신하지 않는다.
평범한 노력은 노력이 아니다.

· 이승엽 ·

한국 프로 야구 역사상 가장 위대한 타자. 성실성과 겸손함으로 모든 이에게 존경을 받는 야구 선수. 바로 국민 타자 이승엽이다. 그가 누구인가? 홈런이란 두 글자가 가장 잘 어울리는 대한민국의 선수다. 수많은 홈런을 통해 국민들을 열광케 했고 눈물과 감동을 선사했던 슈퍼스타다. 누구에게나 친근히 다가가는 성격과 수더분해 보이는 외모지만 엄청난 노력과 승부 근성으로 야구에 있어서만큼은 독종이자 독보적인 존재다.

그는 경기가 있는 날에는 제일 먼저 와서 연습을 시작하곤 했다.

"형님, 안녕하십니까! 오늘 컨디션 좋아 보이네예."

"그래, 니는 오늘 어디 행사하고 왔노? 좀 벌었는 갑네. 어깨 힘들어간데이."

이처럼 경상도 사투리로 다정스럽게 대화한다. 야구장에서도 그물망을 사이에 두고 팬들과 손바닥을 마주 대며 하이파이브를 해 주곤 했다. 선수들이 연습할 수 있도록 준비하는 볼 보이들에게도 먼저 악수를 건네며 인사를 건넸다. 관중석에 있는 팬들이 "이승엽 선수 오늘 홈런 쳐 주세요."라고 말을 걸면 가볍게 받아 주었다. 그는 남녀노소, 지위고하를 막론하고 누구에게나 똑같은 말과 행동으로 절대 함부로 대하는 일이 없는 진정한 슈퍼스타였다. 만약 내가 그런 위치라면 엄청난 겉멋에 오만 가지 폼은 다 잡고 있었을 것이다.

경북고등학교 졸업 당시, 이승엽 선수의 아버지는 대학 입학을 권유했다. 아들이 나중에 야구를 그만뒀을 때 체육 선생님이 되길 원했다. 만약 대학에 진학하지 않고 프로에 입단한다면 당시의 해태, 지금의 기아 타이거즈에 입단하라고 아들을 설득했다. 이승엽 선수의 아버지 고향이 전라도였기 때문이다. 그러자 이승엽 선수는 "아버지, 저는 대구사람입니다. 당연히 삼성 라이온즈에 입단해야지요."라고 대답했다고 한다.

1995년 이승엽 선수는 투수로 삼성 라이온즈에 입단했지만 어깨가 좋지 않아 타자로 전향했다. 얼핏 보면 왜소한 체구지만 홈런왕이 될 수 있었던 비결은 무엇일까. 당시 한 코치가 이승엽 선수에게 "안타를 많이 치는 타격왕이 되고 싶니? 아니면 홈런을 많이 치는 홈런왕이 되고 싶니?"라고 묻자 이승엽 선수는 저는 "홈런왕이 되고 싶습니다."라고 말했다. 그후 이승엽 선수는 입단 3년 차, 만 스물한 살의 최연소 나이에 홈런왕에 오르면서 본격적인 홈런 타자의 길로 접어든다.

놀라운 것은 1999년 54개의 홈런을 치면서 한국 프로 야구 한 시즌 최다 홈런 신기록을 세운 후의 행보다. 그 이듬해부터 이승엽 선수는 겨울 내내 타격 폼을 바꾸기 시작한다. 많은 사람들이 새로운 도전을 하는 그를 두고 도무지 이해할 수 없다고 말했다. 젊은 나이에 부와 명예를 모두 거머쥐었으니 이대로도 충분할 텐데, 하며 말이다.

목표라는 두 글자를 늘 마음속에 품고 사는 사람과 24시간의 똑같은 일상을 의미 없이 받아들이는 사람의 미래는 굳이 설명할 필요도 없다. 그에게 있어서 한국의 홈런왕은 목표가 아니었던 것이다. 바로 아시아의 홈런왕이란 새로운 도전이 그를 기다리고 있었기에 변화는 당연했던 것이었다.

운동선수 출신이 아닌 나도 사소한 변화에 때로는 민감하게 반응하고 삶의 패턴이 바뀌는 경험을 수없이 한다. 하지만 타자로서 폼의 변화는 매일 오른손으로 밥 먹는 편리함을 굳이 왼손으로 바꾸면서 어렵게 만드는 작업이라 표현할 만큼 힘든 일이다. 물론 변화는 사람을 발전시키고 성장의 원동력이 된다는 것은 누구나 잘 알고 있다. 이승엽 선수는 혁명에 가까운 변화를 선택했다. 바로 오른 발을 땅에 내딛는 타격 폼으로의 변신이었다. 수많은 시행착오와 포기하고픈 유혹 속에서도 자기 자신의 강한 신념 하나로 결국 2003년, 한 시즌 56개의 홈런을 치면서 아시아 홈런 신기록을 갈아 치웠다. 그것도 시즌 마지막 경기에서 드라마를 연출한 것이다.

사람의 운명은 정해진 것일까? 모든 일은 결국 운명대로 이루어지는 것일까? 나는 철학자도 심리학자도 아닌 평범한 사람 중의 한 명이지만 하고자 하는 일에 대한 신념의 힘은 확실히 믿고 있다. 나 역시 경험해 봤기 때문이다. 그래서 정해진 운명이라도 변할 수 있다는 게 진리라고 믿는다. 자기가 원하고 이루고 싶은 것만 생각하고 행동한다면 언젠가는 이루어지는 모습을 직접 경험하게 된다. 성공이라는 단어가 남의 이야기처럼 들린다면, 지금부터라도 그 단어를 내 것으로 만들어 보자.

2004년 이승엽 선수는 일본으로 진출했다. 일본에서의 선수 생활은 언론을 통해서 늘 접할 수 있었다. 2005년부터 아시아의 야구클럽 챔피언을 가리는 아시아시리즈가 매년 11월에 개최되는 것으로 확정되면서 대한민국, 일본, 대만, 중국의 자국 우승팀끼리 일본 도쿄돔에서 경기를 했다. 중국은 프로리그가 없어서 국가대표팀이 참가했다. 일본의 게임회사인 코나미가 스폰서를 맡으면서 이름 지어진 2005년 코나미컵 아시아시리즈에서 운 좋게도 내가 응원단장 시절 삼성 라이온즈가 우승하면서 참가하게 되었다. 선수들과 구단운영 팀은 물론이고 응원단도 당연히 함께했다. 나로선 첫 해외 나들이였다.

도쿄돔을 처음 본 순간, 그야말로 야구 선수들이 동경할 수밖에 없는 시설과 인프라에 놀라고, 선수들을 대하는 일본 사람들의 의식에 또 한 번 놀랐다. 공교롭게도 일본 우승팀은 이승엽 선수가 소속된 지바 롯데 마린스였다. 친정팀 삼성 라이온즈가 왔으니 본인도 얼마나 반가웠을까. 양 팀 모두 경기가 없을 때면 우리는 도쿄돔 호텔에서 만났고, 그는 가이드 역할까지 해 주었다. 대한민국을 대표하는 선수가 말이다. 2006시즌에도 삼성 라이온즈가 우승함으로써 2년 연속 일본을 방문하는 영광을 누렸다.

그때 당시의 일화를 소개하고자 한다. 도쿄돔 내에는 스포츠 브랜드 매장이 많았다. 홈 팀인 요미우리 자이언츠는 일본 내에서도 최고의 인기 팀이자 일본야구의 상징이다. 이승엽 선수는 2005년의 활약으로 2006부터는 요미우리 자이언츠의 4번 타자로 맹활약을 한 상황이었다. 일 년 만에 이승엽 선수의 위상은 일본 전역에 퍼져 있었다.

제2회 아시아시리즈 대회는 이승엽 선수 팀이 자국리그 우승을 못했기에 참여는 못했지만 일본에 머물면서 이승엽 선수는 대회 기간 내내 우리 일행과 함께했다. 이승엽 선수의 번호가 새겨진 모자와 유니폼을 사려고 도쿄돔 내 매장을 방문했을 때였다. 일본의 매장 직원뿐만 아니라 기념품을 구입하려는 팬들도 이승엽 선수에게 갑자기 몰려들었다. 그런데 일본 팬들의 모습이 충격적이었다. 선수들에게 사인을 받기 위한 준비가 이미 되어 있었던 것이다. 그들의 손에는 요미우리 자이언츠 로고가 새겨진 정식 사인지와 사인펜이 들려 있었다. 그들은 줄을 서서 이승엽 선수에게 사인 받기를 원했다.

그런데 놀라운 일이 벌어졌다. 이승엽 선수가 사인을 거부한 것이다. 그러자 사람들이 차례차례 이승엽 선수에게 인사를 하고는 그냥 돌아가는 것이었다. 함께했던 우리 일행들은 의아해하며 통역사에게 물었다.

그러자 통역사는 이승엽 선수가 팬들에게 정중한 말투로 "지금 한국에서 나의 친한 일행들이 왔는데 이들을 안내하는 역할을 하고 있어서 사인을 해 드리지 못한다. 진심으로 사과드리고 다음 경기 때 꼭 해 드리겠다."라고 말했다는 것이다. 그러자 일본 팬들이 오히려 이승엽 선수에게 그런 줄도 모르고 사인 요청을 해서 미안하다며 인사하고 가는 것이라고 했다.

우리 일행들 모두 말이 없어졌다. 사인하기 귀찮아서 그런 줄로만 알고 있었는데 우리를 배려했다는 것을 알고 난 후, 무슨 말이 필요했을까. 이승엽 선수는 그런 사람이었다.

전 세계에 야구를 하는 선수는 많고 야구를 사랑하는 팬들도 많다. 하지만 다 똑같은 사람이다. 그렇기에 우리는 감정을 표현하고 의사를 피력한다. 진정으로 사랑받는 슈퍼스타는 마음속에 사소한 것까지 배려하는 능력이 있는 게 아닐까. 그의 모습을 보고 성공은 저절로 이루어지는 것이 아님을 실감했다. 이승엽 선수의 모습을 보며 성실과 겸손을 한 번 더 마음에 새기게 되었다.

02

언어의 연금술사, 김제동

좋아하는 사람은 눈을 크게 뜨고 보고 싶은 사람이지만,
사랑하는 사람은 눈을 감아야 볼 수 있는 사람입니다.

· 김제동 ·

대구의 한 쇼핑몰. 저녁 7시가 되자 사람들이 몰려들어 발 디딜 틈 없이 무대 주위를 둘러싼다. 쇼핑몰 홍보 차 진행하는 이벤트 타임이다. 이상한 웃음소리의, 안경을 쓴 작은 체구의 남자가 좌중을 압도하고 있다. 5분 정도 보고 있으면 빠져들 수밖에 없는 묘한 매력을 가진 경상도 사나이, 바로 김제동이다.

이제껏 마이크 들고 MC를 보는 사람 중에 김제동만큼 웃긴 사람은 본 적이 없다. 나도 그의 영향을 받아 지금 MC를 하고 있다. 마이크 하나로 세상의 모든 사람들에게 웃음과 감동을 전할 수 있다는 건 엄청난 능력이다. 그 가운데서도 그는 누구보다 특

출났다.

2000년 4월, 나는 군대를 제대하자마자 다음 날부터 야구장에서 대북을 치는 아르바이트를 시작했다. 군대 가기 전부터 익숙했던 곳이라 고향으로 돌아온 기분이었다. 세상의 하늘을 다시 느낄 수 있는 군 제대한 사람만의 특권을 가진 채 먼저 달려간 곳은 야구장이었다.

경기 시작 전 대기실에서 미팅을 하는 날이었다. 검은색 정장을 입고 선글라스를 쓴 이상한 남자가 들어와서 분위기를 주도했다. 그리고 선글라스를 벗는 순간, 난 삶의 용기를 얻었다. '저렇게 생겨도 당당하게 살아가는구나' 외모를 비하하면 안 되지만 김제동 형과의 인연은 그렇게 시작되었다. 그는 진행할 때 자기만의 독특한 퍼포먼스가 있는데 안경을 벗어 관객들에게 큰 웃음을 준다. 자신의 약점을 드러내면서 친근하게 다가가는 그만의 특별한 매력이다.

또한 대기실에 들어오면 모든 사람에게 악수를 청하며 통성명을 한다. 그러고는 치어리더를 포함한 응원단 모두에게 큰 웃음을 선사한다. 억지로 웃기려는 것이 아니라 얘기만 듣고 있어도 재미있다.

"오늘 처음 보네요. 저는 김제동이라고 합니다."

나는 조금 당황하며 악수를 했다. 이런저런 얘기를 하다가 선

후배에 얽힌 에피소드를 들려줄 때는 모두들 배를 잡고 넘어갔다.

"용일 씨는 한마디도 안 하고 무뚝뚝하게 있네요. 제 얘기가 재미없나 봐요. 혹시 중학교 어디 나왔어요?"

보통 남자들 사이에서는 고등학교를 어디 나왔는지 묻는데 참 독특했다. 나는 작은 목소리로 "성광중학교 나왔습니다."라고 대답했다.

"야, 임마! 내가 성광중 36회야."

말이 끝나기 무섭게 우리는 바로 형, 동생이 되어 버렸다. 이게 경상도 스타일이다. 이렇게 우리의 인연은 시작되었다. 대구에 살면서 제동이 형과 개인적인 친분이 없는 사람은 아마 없을 것이다. 김제동과는 모두가 형이고 동생이었다.

다음 날부터 나는 중학교 후배라는 이유로 영문도 모른 채 무작정 제동이 형을 따라나서게 되었다. 검은색 카렌스를 운전하면서 울산으로 향했다. 이날이 내가 MC가 되고자 결심한 결정적인 날이 될 줄 어찌 알았겠는가. 울산 소재의 남자 고등학교 축제였다. 사실 MC의 무덤이라 할 수 있는 행사가 남자 중학교 혹은 남자 고등학교 행사다. 사춘기 시절의 반항적인 기질을 제대로 느낄 수 있는 곳이기에 학생들을 다루기가 여간 어려운 일이 아니다.

제동이 형은 학교에 들어서자마자 교무실로 먼저 향했다. 본관을 지나면서 학교의 교훈이 담긴 액자가 보였고, 입상 트로피들이 쭉 전시되어 있었다. 강당으로 들어서자 전교생이 모여 있었다. 그들을 데리고 2시간 동안 MC를 봐야 했다. 그런데 분위기가 왠지 말이 통할 것 같지 않았다. 학생부장 선생님께 마이크를 건네받은 뒤, 살짝 긴장한 모습으로 안경을 고쳐 쓰고 무대 위로 올라서는 제동이 형의 모습이 어째 불쌍해 보였다.

그러나 이런 생각도 잠시 제동이 형은 특유한 말솜씨로 서서히 분위기를 달구기 시작했다. 학교 교훈을 꺼내며 이와 관련된 이야기들을 하면서 선생님들부터 무대로 시선을 끌었다. 그러자 한 선생님은 "서 사람은 우리 학교 사람도 아닌데 선생인 나보다 더 많이 안다."면서 엄지손가락을 척 올렸다. 나는 왜 제동이 형이 교무실부터 가자고 했는지 그제야 궁금증이 풀렸다.

잠시 후 제동이 형은 각 학급의 반장들을 무대 위로 불러 올렸다. 이런저런 얘기를 통해 반장들의 어깨에 힘을 실어 준다. 바로 자기 편으로 만들어 버리는 그만의 방법이다. 그런 후 각자의 자리로 돌려보낸다. 왁자지껄했던 학생들의 시선이 이제 무대 위 MC를 향해 집중되고, 본격적인 프로그램이 시작된다. 모두가 하나 된 축제의 분위기를 느낄 수 있다. 어떤 상황에서도 자기만의 색깔로 풀어내는 제동이 형의 모습을 보며 '이래서 최고구나'라는 생각이 들었다.

이때부터 나는 제동이 형의 매니저가 된 것처럼 매일 같이 다녔다. 이런저런 얘기를 나누면서 MC라는 직업의 매력에 점점 빠져들기 시작했다. 자연스럽게 'MC가 내 운명이구나'라는 생각밖에 들지 않았다. 나는 제동이 형의 얼굴 빼고 모든 것을 닮고 싶어서 무작정 따라다녔다. 하지만 사람들은 같이 있다 보면 닮는다고들 하지 않나. 행사장에 가면 담당자들이 내 얼굴을 보고 "김제동 씨 친동생인가 봐요. 많이 닮았네."라는 말을 자주 했다. 워낙 많이 들어서인지 어느 날부터는 닮았다는 이야기를 듣지 않으면 서운할 정도였다.

성공하려면 성공한 사람과 함께하라고 했다. 나는 제동이 형의 모든 것을 빠짐없이 흡수하고자 껌딱지처럼 붙어 다녔다. 대구, 경북의 행사 담당자들은 제동이 형을 섭외하는 게 행사 준비의 시작이었다. 심지어 어느 대학교 총장은 "김제동을 축제 MC로 섭외하지 못하면 축제 하지 마라."고 할 정도로 대학교에서의 인기가 웬만한 초대 가수보다 더 대단했다.

대구보건대학교 축제 마지막 날이었다. 나는 무대 밑에서 제동이 형의 눈빛을 하나도 놓치지 않고 움직일 준비를 하고 있었다. 마지막은 윤도현 밴드의 공연이었다. 2002 한일월드컵까지는 일 년 반 정도가 남은 시기였지만 월드컵 송으로 인해 인기가 대단했다. 앙코르 곡까지 한 시간 정도를 땀 흘리며 공연하는 모습이 정말 프로다웠다.

다음 날은 대구의 영남이공대학교 축제였다. 그날은 제동이 형에게 있어서 연예계 진출의 계기가 된 운명적인 날이었다. 이날 초대 가수가 공교롭게도 또 윤도현 밴드였다. 학생들의 열광과 함께 윤도현 밴드의 공연이 시작되었다. 그런데 5분도 채 되지 않아 공연이 중단됐다. 윤도현 씨의 기타 줄이 끊어진 것이다. 순간 제동이 형은 무대로 뛰어 올라갔다. 가수와 관객 모두가 당황했지만 제동이 형은 차분히 사태를 수습하기 시작했다. "MC는 절대 마이크를 뺏겨서는 안 되며 어떤 순간에도 분위기에 휩쓸려서는 안 된다. 그것은 MC의 기본이다."라고 말했던 제동이 형이었다.

윤도현 씨를 시작으로 멤버들과의 코믹 인터뷰가 시작되었다. 윤도현 씨는 기타 줄이 끊어져 공연을 제대로 하지 못한 것에 대한 미안함 때문인지 표정이 좋지 않았다. 하지만 15분 정도가 지났을 때쯤 그곳에 있던 모든 사람들이 제동이 형의 폭발적인 애

드라이브에 열광했다. 관객들은 쓰러지고 윤도현 씨를 비롯한 멤버들도 웃음을 참지 못했다. 그야말로 최고의 이벤트가 된 것이다. 축제가 끝난 뒤 윤도현 씨는 제동이 형에게 "시간 괜찮으시면 같이 식사하시러 가시죠." 하면서 감사의 마음을 전했다. 이 사건으로 인해 제동이 형과 윤도현 씨는 친형제처럼 친한 사이가 되었다.

윤도현 씨의 제안으로 제동이 형은 '윤도현 밴드 전국투어 콘서트' 공식 MC가 되어서 전국을 따라다녔다. 당시 MBC FM 〈두시의 데이트 윤도현입니다〉 금요일 3, 4부의 게스트로 초대되기도 했다. 그 후 KBS 2TV 〈윤도현의 러브레터〉 사전 녹화 MC로 선정되어 진행하다가 총괄담당 서수민 PD의 눈에 띄어 프로그램 속의 '김제동의 리플 달아주세요'라는 코너까지 진행하게 되었다. 이어서 KBS의 〈폭소클럽〉에서 '대중 앞에 서는 법'이라는 코너에도 출연하게 되었다. 그야말로 김제동 신드롬이었다. 개그맨들 사이에 소문이 날 정도였다. '윤도현의 러브레터에 사전 MC 하는 촌놈이 있는데 진짜 웃기고 입담이 좋다'라는 소문 때문인지 인기 개그맨들이 러브레터 녹화 장소에 제동이 형을 보기 위해 나타나기도 했다. 모든 일들이 일사천리로 진행되었지만 순간순간의 기회를 놓치지 않는 제동이 형이 더 대단해 보였다.

지금 생각해 보면 제동이 형은 독특하기도 했지만 자기 일에 누구보다 열정이 강했고 자부심이 남달랐다. 형은 사회자라고 불리는 걸 싫어했다. 왜 의사, 변호사, 검사, 판사들에게만 '선비 사

(土)'를 붙이느냐, '놈 자(者)'를 빼고 앞으로 '사회사'라고 불러 달라고 했다. 또 하나 기억나는 것은 행사 끝날 시간이 지나서 담당자가 끝내라고 하는데도 "저한테 주어진 시간과 돈은 여기 모인 관객들에게 웃음과 감동을 주기 위한 것입니다. 아직까지 제가 드려야 할 게 남아 있기에 끝낼 수 없습니다. 그러나 조금만 기다려 주십시오."라고 말했던 일이다. 이것은 나를 비롯한 후배 MC들이 배워야 할 부분이다.

인생을 살아가는 데 있어서 누구에게나 기회는 소리 없이 다가온다. 하지만 기회는 준비된 자만이 가질 수 있다. 당장이라도 기회를 놓치지 않게 준비해야 한다. 바로 언어의 연금술사 김제동처럼 말이다.

03

말은 신중하게,
행동은 빠르게 하라

나갈 수 있겠냐고 묻지 마시고 나가라고 말씀해 주십시오.
팀을 위해서라면 저는 언제라도 준비가 되어 있습니다.
· 이상훈 ·

　말 잘하는 사람이 인기 있는 시대다. 예전에는 유창한 말솜씨
가 아나운서나 MC들만의 전유물로 여겨졌지만, 이제는 가수, 영
화배우, 스포츠 스타는 물론이고 일반인들도 자신의 의사표현을
정확하고 조리 있게 잘하는 사람들이 많다.

　말은 한번 뱉으면 주워 담을 수 없는 것이기에 신중히 생각하
고 말해야 한다. 하지만 상대에 대한 감정과 기분이 좋지 않다면
이를 잊은 채, 순간의 후련함을 위해 막말을 쏟아내고 금세 후회
했던 적이 있을 것이다. 자신의 막말을 들은 사람과의 관계가 소
원해지는 것은 당연한 일이다.

언행일치(言行一致), 즉 말과 행동이 하나가 되어야 한다는 뜻이다. 내가 말한 대로 행동을 하는 사람이 제대로 된 사람이고 인정받는 사람이다. 말은 머리에서 생각한 대로 쉽게 뱉어 버리지만 말한 그대로 행동한다는 것은 강한 의지와 열정이 있어야 가능하다. 어른들께서 "하지도 못할 것은 함부로 먼저 말하지 마라."고 말씀하시는 이유다.

나는 마이크를 들고 말하는 것이 직업이다. '말'을 통해 사람들을 웃기고 울리고 감동을 주기도 한다. 마이크의 주인은 나의 말을 들어 주는 청중이다. 내가 전하고자 하는 것이 제대로 전달되도록 해 주는 연결고리가 바로 마이크다. 관객과 소통하고 더 나아가 그들의 삶에 변화도 가져올 수 있는 것이 마이크를 잡고 말하는 사람의 사명인 것이다. 이런 막중한 일을 하는 사람들이 마이크를 통해 남에게 상처를 준다면 마이크를 들 자격이 없다.

야구장에서 이벤트를 진행할 때의 일이다. 일요일 경기 때마다 진행하는 '파란 우체통' 코너는 팬과의 소통이라는 좋은 취지에서 시작되었는데, 내부적으로도 칭찬을 받은 이벤트다. 멀리서만 바라보는 선수들에게 전하는 응원 메시지와 못 다한 이야기를 적어서 우체통에 넣으면 재미있는 사연을 골라서 내가 읽어 주는 것이다. 사연을 읽을 때면 선수들도 훈련을 하면서 마이크를 통해 전해지는 나의 말에 귀를 기울인다. 물론 사연을 꾸밈없이 읽지만 재미를 가미하고자 내가 내용을 덧붙이는 경우도 있다.

한번은 우체통의 편지를 다 꺼내서 하나씩 읽는데 '장내 아나운서에게 보내는 편지'란 것이 눈에 띄었다. 기쁜 마음에 주위의 스태프들에게 자랑을 하며 다 들리도록 크게 읽었다. 다 읽은 후 나는 말없이 화장실로 향했다. 굳은 얼굴로 화장실 문을 잠그고 변기에 앉아 다시금 천천히 읽었다. 사실 편지의 내용은 이러했다.

"지난번 이벤트에 참여했던 사람입니다. 제가 워낙 낯을 가리는 성격이라서 남들 앞에 서는 것이 세상에서 제일 두려웠는데 겨우 용기를 내 이벤트에 참여하게 되었습니다. 수많은 관객들에게 즐거움을 주고자 아나운서님이 무심코 던진 한마디가 저에게는 이루 말할 수 없는 충격을 주었습니다.

앞으로는 웃음도 좋지만 그 웃음이 상대방을 비하하거나 무시해서 발생되는 웃음이라면 순간은 즐거울 수 있으나 당사자는 고통스럽다는 것을 한 번쯤은 생각하셨으면 합니다. 괜한 이야기해서 죄송해요. 늘 응원합니다."

엄청난 충격이었다. 너무 미안한 마음에 회의감이 들 정도로 마이크가 무서웠다. 사실 이런 경우는 대부분 막말과 욕을 하는 경우가 많은데, 이렇게 조곤조곤 나의 잘못을 일러주니 한없이 작아지는 느낌이었다. 이렇듯 나 역시도 일을 하면서 사람들을 통해서 깨닫고 많이 배운다. 이처럼 '말'의 위력은 대단하다.

행동하는 사람은 변화를 주도하지만 극소수에 불과하다. 행동을 실천하는 것이 쉽지만은 않기 때문이다. 말보다는 행동을, 계획보다는 실천하는 사람이 '성공'이라는 단어와 어울리는 사람이다. 회사에 매일 지각하는 사람은 항상 10분씩 늦는다. 10분이라는 시간을 마음처럼 쉽게 바꾸지 못한다. 정시에 도착하려면 그것보다 10분 일찍 도착하는 것으로 목표를 잡고 행동해야 한다. 생각은 이렇지만 행동이 뒷받침되지 않기 때문에 오늘도 10분 지각하는 것이다. 왜냐하면 '10분쯤이야'라고 사소하게 생각하기 때문이다. 반면 변화를 주도하는 사람들은 1분 1초를 아끼고 철두철미하게 계획을 짠다.

부지런한 사람과 게으른 사람의 차이는 바로 행동에 있다. 눈에 보이는 차이는 단 몇 분에 불과하지만 남에게 보이는 모습은 그 사람의 됨됨이로 평가된다.

한 분야에서 꾸준히 노력하는 사람은 무언가 반드시 이루어 낸다. 그것이 새로운 길을 열어 주고 또 다른 목표가 생겨나는 것이다. 나는 스무 살 때 야구단 마스코트를 시작으로 대북 요원을 거쳐 꿈에 그리던 응원단장을 하게 되었다. 그리고 스승이었던 제동이 형이 물려준 장내 아나운서까지 이르게 되었다. 야구장에서 할 수 있는 퍼포먼스는 치어리더 빼고 다 해 본 것이다. 야구가 좋았던 이유가 가장 크겠지만 맡은 바 임무에 최선을 다한 결과라고 나는 자부한다.

　현재 강사님, 교수님, 대표님, 사장님 소리를 들으며 살고 있는 하루하루가 나에게는 행복이고 감동 그 자체다. 돌이켜 보면 응원단장을 할 때도 나는 그냥 고용된 사람이라는 생각보다는 '삼성맨'이라고 생각했다. 그래서 삼성 라이온즈의 철칙에 어울리게 행동하려고 했다. 그것이 주어진 임무이기 때문이었다. 억지로 무엇인가를 꾸미고 남에게 보이는 것을 우선으로 하게 되면 생명력이 없는 것이나 마찬가지다. 스스로의 가치가 사라지는 것이다. 자기가 하는 일에 기운을 불어넣어 생동감 있게 하는 것이 결국은 모두에게 감동을 줄 수 있다.

04

경험이야말로
인생의 보물이다

야구 기록은 비키니를 입은 소녀와 같다.
기록은 많은 것을 보여 준다. 그러나 모든 것을 보여 주진 않는다.

· 토비 하라 ·

2015년 MBC 〈무한도전〉에서 기획한 '토요일, 토요일은 가수
다', 일명 '토토가'는 1990년대의 향수를 자극하며 전국적인 열풍
을 일으켰다. 당시의 패션이 다시 유행하고 클럽이나 번화가에서
는 연신 1990년대 음악이 흘러나왔다. 나도 운전할 때마다 토토
가 노래를 들으며 흥얼거렸다. 그 당시 한창 댄스 팀으로 활동하
던 시기였던 터라 추억이 남달랐다.

"그때 같이 춤추던 멤버들은 지금 뭐 하겠노!"

"다들 시집, 장가 가고 애들도 있겠지. 진짜 보고 싶네."

술 마실 때마다 친구들에게 이야기하곤 한다. 그만큼 내 추억

속에 큰 비중을 차지하는 기억이라서 친구들도 지겹도록 들어 잘 알고 있다. 사람들은 저마다의 특별한 경험과 추억을 가지고 있다. 기쁜 일일 수도 있고 다시는 생각하고 싶지 않은 순간일 수도 있다. 과거는 과거일 뿐이지만 현재를 살고 미래를 기약하는 데 힘이 되기도 하고 시행착오를 줄일 수 있는 계기가 되기도 한다.

"한 번 해병은 영원한 해병. 귀신 잡는 해병대."

"누구나 해병이 될 수 있다면, 나는 결코 해병을 선택하지 않았을 것이다."

해병대를 상징하는 익숙한 문구다. 나는 해병대 823기의 일원으로 경기도 김포의 제2사단 청룡특수수색대를 만기 전역했다. 내 인생에 있어 손꼽힐 만한 경험 중 하나다. 남자들의 술자리에 빠지지 않는 것이 바로 군대 이야기다. 자기 부대가 더 힘들었다는 허세는 세월이 흘러도 변하지 않을 영원한 남자들의 자존심이다.

나는 스물두 살 2월에 해병대에 입소했다. 당시 내 또래들에 비하면 일 년 정도 늦은 편이었다. 지금과 마찬가지로 해병대는 지원자들 가운데 신체검사와 몇 가지 심사를 거쳐 합격 여부를 결정했다.

입소 전날 밤, 둘도 없는 성당 친구들과 집에 모여 밤새 술 마시며 떠들었다. 웃음꽃이 오가는 시간도 마지막이라고 생각하니 금방 지나갔다. 새벽 5시를 지날 때쯤 그제야 군대에 간다는 현실감이 들었다. 나는 친구들에게 뜬금없이 기도하자고 말했다. 어릴 적부터 성당에서 만난 친구들이라 기도는 익숙했다. 이제껏 드린 기도 가운데 가장 간절한 묵주기도를 드렸다. 뜬눈으로 맞이한 아침, 부모님께 인사를 드리고 친구들과 포항 해병대 훈련소로 출발했다.

훈련소에서 맞이한 첫날 밤은 세상에서 가장 외로운 밤이었다. 어리둥절한 표정과 '군대 생활의 끝은 과연 존재하는 것일까'라는 공통된 생각이 모두를 잠들지 못하게 했다. 불이 꺼진 채 다들 누워 있었지만 보이지 않아도 눈은 다 뜨고 있다는 것이 느껴졌다.

너무 잠이 안 와서 화장실에 가는데 갑자기 뒤에서 차가운 교관의 목소리가 들렸다.

"야, 거기 훈병."

순간 '나는 아닐 거야. 그냥 앞만 보고 가라' 간절한 기도가 끝나기도 전에 싸늘한 기운이 느껴졌다. 주위에는 나밖에 없었다.

"훈병 김용일!"

"너, 지금부터 내가 한 명씩 깨울 테니 이발 다 시켜! 알았어?"

"훈병 김용일! 알겠습니다!"

대답과 동시에 내 손에는 일명 바리캉이 쥐어져 있었다. 이제 겨우 입소한 지 12시간쯤 지났는데 이미 내 입에는 관등성명이 딱 달라붙어 있었다. 그냥 안 하면 죽을 것 같은 느낌이었다.

헛웃음만 났다. 나는 그저 소변을 보러 가는 길이었을 뿐이었다. 누가 나를 좀 도와 달라며, 속으로 아무리 외쳐도 돌아오는 대답이 있을 리 없었다. '아닌 밤중에 홍두깨', '마른하늘에 날벼락'은 이럴 때 쓰라고 있는 것이었다. 내가 있는 1소대 내무반 인원이 300명 정도 됐다. 인원도 인원이지만 더 웃긴 사실은 바리캉을 눈으로만 봤지 사용법을 모른다는 것이었다. 머릿속으로는 '도대체 내가 왜 이 짓을 해야 하지? 이발하는 법도 모르는데. 왜 하필 지금 화장실에 가서 이 사태가 발생했지' 하고 억울한 생각만 들었다. 우연의 일치라고 했던가. 화장실 입구에 있는 기가 막힌 문구가 눈에 띄었다. '안 되면 되게 하라' 그것으로 끝이었다. 여기에 종지부를 찍은 것은 교관의 방에 있는 라디오에서 흘러나오는 노래였다. 바로 ART의 〈슬픈 얼굴〉이었다. "마지막 부탁이야. 힘들지 않도록 슬픈 얼굴 짓지 말아 줘."

지금 이 순간, '세상에서 나보다 더 슬프고 이해할 수 없는 상황에 처해 있는 사람 있으면 나와 보라고 해'라고 아무리 외쳐도 구원해 줄 손길은 어디에도 없었다. 그렇게 첫날 밤은 바리캉과 함께 이발병의 임무로 막을 내렸다. 이렇게 시작된 훈련소의 생활 6주를 마치고 지원한 해병대 수색대로 발령이 났다.

대한민국에는 3대 특수부대가 있다. 해병대의 '특수수색대', 해군의 'UDT', 육군의 '707 대테러부대'가 바로 그것이다. 우리 아버지가 아들을 자랑스럽게 여기는 것 중의 하나가 바로 해병대 특수수색대를 전역했다는 것이다. 당신도 군 생활 당시 3년 동안이나 '월남 전쟁'에 파견되어 갔으니 할 말이 많으신가 보다.

특수수색대의 생활은 말 그대로 특수했다. 6주간의 훈련소 생활이 그리울 뿐이었다. 일 년 중 무려 9개월을 부대 밖에서 훈련하는데, 대표적인 훈련은 매년 6월부터 16주간 진행되는 수색대 교육이다. 이 교육을 이수해야만 수색대로서 전역을 할 수 있다. 아니면 다른 부대로 전출을 가야 한다. TV를 통해 나오는 해병대 관련 방송은 대부분 수색대 교육이 독차지한다. 그만큼 어렵고 힘들기 때문이다.

수색교육 시작에 앞서 교육생 모두가 하는 전통이 있다. 손톱과 발톱을 깎아 조금씩 모으고 머리카락 한 가닥, 그리고 새끼손가락을 바늘로 따서 A4용지에 혈서를 쓴다. 또, 훈련 시 사망할 경우 책임은 개인에게 있다는 각서를 써서 박스에 담아 집으로 보낸다. 정말 두렵고 무서운 의식이다. 그만큼 결의를 다지는 행동인 것이다.

수색교육의 꽃은 4주 차에 펼쳐지는 '지옥 주'다. 이 훈련의 특징은 일주일 동안 잠을 안 자는 것이다. 일요일 밤 12시, 사이렌 소리와 함께 비상 전시 훈련이 2시간 동안 펼쳐진다. 이후에 부대 앞 시냇가로 출발한다. 목만 빼고 온몸을 물에 담근 채 자리에 앉아 6시간 동안 견디고 나면 월요일이 밝아 온다. 이때부터 고무보트를 6인 1조로 머리에 받치고 경기도 김포에서 강화 일대를 다 누빈다.

목요일 밤 12시 '공동묘지 혼자 통과하기'를 할 때는 극도의 공포심을 느꼈다. 겁 많은 내게 심장마비 일으키기 딱 좋은 훈련이었다. 토요일 오전, 부대 내에 있는 하수구를 기어가는 훈련인 일명 '시궁창 통과하기'를 마치면 공포의 지옥 주는 끝이 난다. 전투복과 군화가 벗겨지지 않아서 교관들이 가위로 다 잘라낼 정도다. 이때부터 그야말로 눈물바다가 된다. 지옥 주를 끝냈다는 성취감과 사타구니가 다 쓸리고 발뒤꿈치가 다 까진 내 몸을 보면서 불쌍하다는 생각에 하염없이 눈물을 흘린다. 이런 힘든 과정도 시간이 흐르고 인내하다 보면 어느새 16주가 끝이 난다.

이미 오래전 일이지만 아직도 그때의 기억이 생생하게 자주 떠오른다. 가끔 힘든 일이 있을 때 '수색교육도 견뎠는데'라면서 스스로 최면을 걸면 어느 순간 자신감이 생기고 두려움은 사라진다. 이처럼 잊지 못할 소중한 경험은 인생을 살아가는 데 큰 자산이 된다. 그 무엇과도 바꿀 수 없고 나만이 간직하고 있는 10억 원 이상의 가치다. 돈으로 해결할 수 없을 만큼 값진 인생 경험을 통해 세상의 두려움에 맞선다면 이겨내지 못할 것이 없다.

05

중독될 정도의 노력이
프로를 만든다

매일 정신없이 연습을 하다 보면
어느 날 야구공이 수박 덩어리만큼 크게 느껴진다.

· 행크 아론 ·

아침 출근길에 엘리베이터 안에서 거울을 보며 매일 하는 동작이 있다. 바로 자연스러운 표정 연습이다. 직업이 MC이자 강사다 보니 대중 앞에서 나의 모습이 어떻게 비치는지 항상 눈으로 확인한다. 물론 다른 사람과 함께 탔을 때는 이상한 사람으로 오해받을 수 있기에 살짝 미소만 짓는다.

쉬는 시간에 대화를 나누거나 여유가 생겼을 때도 하는 동작이 있다. 야구 스윙이나 골프 스윙이다. 정장을 입은 상태에서도 은연중에 팔 동작을 취해 본다. 나처럼 무의식중에 동작 연습을 하는 사람들은 대부분 사회인 야구를 하거나 막 골프에 입문한 경우가 많다.

취미 활동은 삶에 활력을 준다. 일상의 쳇바퀴 속에서 무료함을 달래 줄 수단을 찾을 필요가 있다. 스트레스를 푸는 방법은 각양각색이다. 매일 밤 음주 가무를 통해 숨겨진 끼를 표출하는 사람, 동호회 활동을 통해 자기계발을 하는 사람, 삼삼오오 모여 스크린 골프장 혹은 스크린 야구장에서 맥주 한잔을 즐기며 게임을 즐기는 사람 등 시간을 보내는 방법은 다양하다.

"용일아, 니 퇴근 안 하고 뭐 하노!"

"선수 응원가 작업하고 있어요. 아무리 들어도 착착 감기는 맛이 없네예."

"적당히 해라. 돈 나오는 것도 아닌데."

"돈은 안 돼도 응원가가 재미없으니까 저도 응원할 맛이 안 나네예."

응원단장 시절, 경기를 마치고 소속사로 와서 응원가 작업을 할 때의 일이다. 야구장에 가 본 사람들은 알겠지만 선수들마다 개별 응원가가 있다. 국민 노래처럼 유명한 응원가도 많다. 삼성 라이온즈 선수들의 응원가와 팀 응원가는 대부분 내 손을 거쳐서 탄생했다. 나는 국내 가요는 물론이고 동요, 만화 주제가, 드라마 OST, CF 광고, 팝송, 가톨릭 성가, CM송 등 모든 장르를 불문하고 음악을 듣는다. 매 시즌 시작 전, 새롭게 사용할 응원가를 작업할 때는 대한민국 최고의 아티스트라도 된 기분이다.

'내가 만든 노래를 팬들이 잘 따라 부를까?', '선수들이 타석에 들어섰을 때 새로운 응원가를 들으면 힘이 날까?' 이런저런 고민 속에 응원가들이 탄생하고 때로는 사장되기도 한다. 이렇게 작업할 때면 시간 가는 줄 모르고 컴퓨터 몇 대를 동시에 켜고 모든 노래를 찾아서 듣는다.

프로와 아마추어는 분명한 차이가 있다. 나처럼 프리랜서 생활을 하든 직장인이든 우린 모두 프로다. 하지만 프로라고 다 같은 프로는 아니다.

다음은 이승엽 선수가 KBO 신인선수 오리엔테이션 특강 때 한 말들이다.

"프로로서 하는 행동과 말에는 반드시 책임이 뒤따른다. 한 번 더 생각하고 행동해라."

"프로는 아마추어와 다르다. 아마추어는 다음에 잘하면 된다. 하지만 프로는 실수하면 안 된다."

"해야 하지 않는 것과 넘지 말아야 할 선을 스스로 지켜야 한다. 자제력을 잃으면 지금까지 해 왔던 모든 것이 끝이라는 절박함이 필요하다."

"네가 최고가 될 수 있는지 냉정하게 생각해 봐라."

"다른 생각하지 말고 야구 선수니까 야구만 해라. 야구만 잘하면 정말 행복하다."

결국 지금 자신의 일에 몰두하고 거기에 모든 것을 쏟아부으면 원하는 결과를 얻을 수 있다는 뜻이다.

나는 사회인 야구 동호회 활동을 한 지 10년이 넘었다. 어릴 적 꿈도 야구 선수였고 지금 하는 일도 야구와 관련된 일이다 보니 야구와는 떼려야 뗄 수 없는 사이다. 나는 야구가 너무 좋다. 금요일 밤이면 주말에 비가 오지 않기를 기도한다. 내가 가지고 있는 야구 용품들은 대부분 삼성 선수들에게 선물 받은 것이다. 이것들을 주말에 경기장에 가져가면 팀 동료들의 부러움의 대상이 된다. 게다가 나는 야구 실력도 꽤 갖추고 있다. 팀 동료들과 흠뻑 땀을 흘리고 난 후 식사하면서 맥주 한잔 마실 때면 일주일의 피로가 싹 가신다.

물론 아무리 내가 팀에서 날고 긴다 해도 아마추어 야구일 뿐이다. 취미로 하는 야구는 직업인 MC나 강사만큼 잘할 수는 없다. 그리고 사회인 야구는 승패도 중요하지만 즐기는 것이 우선이다. 하지만 내가 하는 일은 진정한 프로의 모습을 보여 줘야 한다. 이것이 프로와 아마추어의 차이다.

중독이란 단어는 주로 나쁜 의미로 사용된다. 마약 중독, 알코올 중독 등 뉴스를 통해 자주 접하는 것만 봐도 그렇다. 그러나 내가 말하는 중독의 의미는 좀 다르다. 진정한 프로라면 자기가 하는 일에 중독되어야 한다. 그것만을 생각하고 그것을 가장 잘하기 위한 모든 방법을 동원해야 한다. 흔히 '꽂혀야 된다'는 표현이 적합할 것이다.

댄스 팀으로 활동할 때 듀스 이후 좋아했던 가수가 바로 터보다. 작은 눈이 나와 닮아서 김종국 씨를 좋아했다. 노래방에 가도 터보 노래만 부를 정도로 그에게 중독되었다. 그의 패션과 목소리를 닮고자 많은 연습을 했던 기억이 난다.

김종국 씨는 몸짱으로도 유명하다. 동료 연예인들의 이야기를 들어보면 그는 모든 스케줄을 마치고 새벽이 되어도 헬스클럽을 찾아서 꼭 하루의 운동 분량을 마치고 집으로 돌아간다고 한다. 한마디로 '헬스 중독자'다. 본인도 운동할 때 스트레스가 풀리고 거울을 통해 달라진 몸을 볼 때 희열을 느낀다고 한다.

나는 그동안의 인생을 한번 되돌아보았다. 지금 하고 있는 일에 대해 예전만큼의 노력을 기울이고 있는지, 중독될 정도로 좋아했던 기억이 있는지 떠올려 보았다. 처음 연애했을 때의 기억을 떠올려 보면 눈만 떠도 그 사람이 생각나고 자면서 꿈을 꿔도 온통 연인 생각뿐이다. 연애할 때처럼 모든 일을 한다면 세상에 못할 일이 없을 것이다.

군대를 제대한 뒤 제동이 형을 따라다녔을 때는 MC가 정말 하고 싶어 무척 열정적이었다. 매주 주일미사 성당에서 봉헌할 돈을 모아서 녹음기를 구입했던 일, 가는 행사장마다 무대 옆에 녹음기를 두고 녹음해서 밤새 들으며 노트에 기록했던 일, 제동이 형의 모든 행동을 캠코더에 담아서 닳도록 보고 따라 했던 기억을 떠올리면 '나에게도 간절한 꿈이 있었구나'라는 생각이 든다.

가끔 가족들이 잠든 후 서재에서 맥주 한잔과 함께 당시의 자료들을 꺼내 보며 추억을 회상할 때면 잔잔한 미소가 흘러넘친다. '다시 돌아가고 싶다. 젊은 나이가 부럽기도 하지만 무엇보다 그때의 열정이 부럽다. 최고의 MC와 최고의 강사가 되고자 했던 내 모습은 어디로 사라졌을까!' 하며 새로운 다짐을 하기도 한다.

야구 선수들의 손바닥을 본 적이 있는가? 타자들은 매일 배트를 들고 휘두르기 때문에 손바닥이 성할 날이 없다. 껍질이 까지고 아물면 또 까지고 붕대로 칭칭 감기도 한다. 보기만 해도 너무 아플 것 같다. 그들이 그렇게 아픔을 참으면서 노력하는 이유는 프로이기 때문이다. 최고가 되기 위한 경쟁인 것이다.

진짜 중독이 될 정도의 노력을 하면 몸이 기억한다. 그리고 무의식적으로 반응하게 되어 있다. 그렇게 될 때까지 반복하는 것이다. 이것이야말로 진정한 프로의 모습이다.

나도 강연장에서 청중들에게 어떤 이야기로 시작할지 항상 고민하지만 마이크만 잡으면 걱정과 고민은 거짓말처럼 사라지고 술술 말이 나온다. 가끔 선수들과 더그아웃(Dugout)에서 얘기를 나눌 때면 내게 "형은 어쩜 그렇게 말을 잘해요?", "저는 마이크만 잡으면 하늘이 노랗고, 인터뷰한다고 하면 아무 생각도 나지 않는데 방법 좀 가르쳐 줘요."라고 한다. 그러면 나는 오히려 이렇게 말한다.

"니는 우째 그렇게 야구를 잘하노?"

"공은 어떻게 하면 빠르게 던지노?"

"체격도 작은데 홈런은 어떻게 잘 치노?"

서로의 분야에서 진정한 프로가 되기 위해 중독됐기에 몸이 자동으로 반응하는 것이다.

06

즐기는 자가
결국 살아남는다

경기는 잠에서 깨는 순간부터 시작된다.

· 레지 잭슨 ·

스포츠는 결과로 모든 것을 보상받는다. 승리가 있으면 패배가 있기 마련이다. 패자는 승리의 달콤함을 맛보기 위해 계속 노력할 것이고, 승자는 정상의 달콤함을 유지하고자 더욱 강한 훈련을 할 것이다. 이것이 바로 냉혹한 승부의 세계다.

나는 20여 년간 스포츠 현장에서 수많은 승부를 지켜봤다. 삼성 라이온즈 응원단이라는 자부심으로 매년 선수들과 하나 되어 응원을 책임졌다. '경기에서 지면 응원을 못해서 지는 것이고, 이기면 선수들이 잘해서 승리하는 것'이라는 사람들의 인식을 자연스럽게 받아들일 정도의 연륜도 쌓였다.

응원단장 초창기 시절, 새로운 응원 동작을 준비하고 다양한 응원가를 만들며 밤새운 적이 많았다. '내가 만든 응원가를 관중들이 정말 좋아하겠지' 생각하며 폭발적인 반응으로 응원하는 관중의 모습을 연상하며 잠이 든다. 다음 날, 야심차게 준비한 나의 응원가가 시작된다. 하지만 응원석의 반응은 미지근하다.

"응원가가 왜 이리 어렵노? 이런 걸 우째 따라 하란 말이고."

관중들의 핀잔이 쏟아져 나온다. 좌절의 쓴맛을 안은 채 다시 밤을 샌다. 경기 상황에 맞게 팬들의 마음을 읽을 수 있다면 어땠을까? 더욱더 신나게 즐기며 응원할 수 있었을 것이다. 이것이 바로 경험이다. 이러한 경험의 중요성을 알기에 각 팀에는 베테랑 선수들의 역할이 꼭 필요하다. 그들은 수많은 경험에서 위기를 극복하는 방법을 익혔고 즐기는 순간도 잘 알고 있다. 이승엽 선수가 한 인터뷰에서 "야구장 오는 것이 제일 행복하고 즐겁다."라고 한 적이 있다. 대부분의 사람들은 '이승엽 정도면 슈퍼스타니까 즐거운 게 당연하겠지'라고 생각할 것이다. 그가 지금의 자리에 오르기까지 얼마나 많은 노력을 했고 고통을 감내했는지는 잘 모른 채 현재의 모습만으로 평가한다. 그런데 노력만큼 중요한 것이 한 가시 더 있다. 바로 야구를 진정으로 즐기는 것이다. 그것이 지금의 이승엽을 만들었다. 그의 야구 실력과 인성, 그리고 야구를 대하는 태도까지 완벽하니 당연히 즐거울 수밖에 없을 것이다.

나는 참 운이 좋은 놈이다. 응원 실력은 제쳐 두고라도 성적이 좋은 상위권 팀을 응원하게 되어서 수차례 우승을 경험했다. 프로 선수들도 입단해서 우승 한 번 못하고 은퇴하는 경우가 많은데 응원단 역시 마찬가지다. 그렇다면 프로 스포츠 구단이 우승에 목을 매는 이유는 무엇일까? 바로 피나는 노력의 보상이자 최고로 인정받는 것이기 때문이다. 정상에 오르기까지 함께 웃고 때로는 울면서 이루어 낸 값진 승리가 살아남는 이유이기도 하다.

사람들은 자기가 원하는 바를 이루고자 최선의 노력을 다한다. 즐거움보다는 당연히 해야 된다는 일종의 의식처럼 말이다. 하지만 목표를 이루기 위해서는 열심히 하는 것도 중요하지만 무엇보다 재미를 느껴야 한다. 의무감만으로 매일 반복하다 보면 스트레스가 되기 때문이다.

요즘 직장인들은 아침 일찍 회사에 출근해 정신없이 일하고 그것도 모자라 밤늦게까지 야근하는 것이 일상이다. 집에 돌아와 시원한 맥주 한잔으로 하루의 피로를 풀며 '대박'을 외쳐 보지만, 머릿속에는 벌써 내일의 업무가 떠오른다. 이들에겐 연봉 인상의 기대가 유일한 인생의 목표이자 성공의 척도다. 내가 하는 일의 '가치와 즐거움' 따위는 말 그대로 사치일 뿐이다. 그리고 '내년에도 변함없이 회사가 날 버리진 않겠지. 난 이제 30대일 뿐인데'라고 생각하며 잠자리에 든다.

대한민국은 그야말로 스펙 쌓기 열풍이다. 영어, 중국어 등의 외국어는 기본이고 자신의 능력을 증명하고자 퇴근한 후에도 열심히 자기계발을 한다. 물론 스펙이 좋으면 남들보다 인정받는다. 하지만 스펙 없이도 여유롭게 시간을 사용하면서 인생을 즐기는 사람들이 많다. 이들은 스펙을 쌓고 직장에 충성하는 사람들과는 전혀 다른 삶을 살아왔다. 돈의 노예로 살아가지 않아야 된다는 것을 일찍 깨달은 사람들이다. 좋아하고 하고 싶은 일을 하면서 성공을 갈망했던 것이 현실이 된 것이다. 분명 엄청난 시련과 빈곤에 허덕이고 주위의 부정적인 시선을 견디기 힘들었을 것이다. 그러나 결국 이 모든 것을 극복하고 인정받으면서 하루하루를 행복하게 살아가고 있다.

〈한국 책쓰기 성공학 코칭협회(이하 한책협)〉의 김태광 대표 코치는 책 쓰기 하나로 인생을 바꾼 사람이다. 젊은 시절 남들이 다 무시하는 작가의 길을 꿋꿋이 밀고 나간 끝에 자수성가한 인물이다. 지금껏 200여 권의 책을 썼고, 수많은 작가를 양성했으며, 성공에 관한 철학을 전하는 메신저의 삶을 살면서 매일 기대되는 아침을 맞이하고 있다.

그에 비교할 바는 아니지만 나 역시도 지금의 일을 즐기며 살고 있다. 야구장에 일하러 갈 때가 너무 설레고 마이크 하나로 수많은 사람들에게 웃음과 감동을 주는 일이 진심으로 행복하다. 즐기면서 일하고 그에 따른 수입까지 창출된다면 이것이야말로 진정 행복한 삶이 아닌가? 만약 일에 대한 즐거움이 아니라 연봉

인상을 목표로 일에 임하는 것이 즐겁다면 그것도 행복이라고 할수도 있다. 하지만 세상에 그런 사람은 많지 않을 것이다.

아침에 일어나 따사로운 햇살 아래 모닝커피 한 잔, 그리고 책을 읽으며 시작하는 하루는 소설 속 이야기가 아니다. 당신의 삶이 될 수도 있다. 내가 원하는 시간에 일하고 여행 가고 싶을 때 떠나며 함께하고 싶은 사람과 멋진 밤을 보내며 살고 싶지 않은가? 이제부터라도 내가 하고 싶은 일을 찾아 세상을 즐기자. 삶을 즐기는 사람만이 결국 세상에서 살아남는다.

07

뼈를 깎는 노력만이
성공을 불러온다

노력에는 재능이 필요 없다.

· 데릭 지터 ·

고3 때, 대학 입시를 앞두고 담임 선생님과 진로상담을 했다.

"용일아, 이 성적으로는 네가 원하는 국어교육과나 경영학과는 도저히 불가능하다. 어떻게 할지 고민해 봐라. 예체능 쪽도 생각해 보고. 알았제?"

당시 춤에 미쳐 있던 내게 성적이나 대학은 별 의미가 없었다. 오로지 춤으로 성공해서 듀스나 서태지와 아이들 같은 가수가 되는 것이 꿈이었다. 하지만 아버지께서는 본인이 못다 이룬 꿈을 하나뿐인 아들에게 크게 기대하고 계셨던 것 같다. 할머니께서도 "네 아빠는 고등학교 때 전교에서 공부 잘한다고 소문났었다. 근데 집안 형편 때문에 공부를 더 못시켜 줬어. 그래서 너한테 미련이 많은가 보다. 열심히 해서 아부지 실망시키지 마래이." 하며 당부하셨다.

사실 아버지는 전형적인 경상도 스타일이라서 무뚝뚝하고 대화도 별로 없으셨다. 하지만 묵묵히 가정을 지켜 나가는 분이셨다. 그래서인지 고등학교 때 춤 연습만 하고 귀도 뚫고 헐렁한 바지를 입고 다니는 나를 속으로는 엄청 못마땅해 하셨다.

나는 수능이 끝난 후 성적에 맞춰 대학교를 정한 뒤 체대 입시 학원에 다녔다. 그리고 대구 소재의 체육대학에 입학했다. 전화로 합격 통보를 받았는데 대학에 별 미련이 없었던 나였기에 큰 감흥은 없었다. 아버지는 당연히 불만족하셨다.

대학에 들어간 뒤에도 공부에는 흥미가 없었다. 체육대학이라고 해서 운동을 제대로 한 것도 아니었다. 1학년 때부터 삼성 라이온즈에서 아르바이트를 하다 보니 학교와는 자연스레 더 멀어졌다. 하지만 축제나 신입생 가요제는 전부 1등을 휩쓸고 다니다 보니 학교는 잘 나오지 않아도 교수님들이나 선배들에게는 유명 인사였다.

군 제대 후 복학해서 체육대학 학생회장을 맡았다. 학점은 낮고 학교 생활도 제대로 하지 못했지만 학생회장을 계기로 열심히 하고자 했다. 대학교를 졸업할 때까지 내 인생에는 수많은 변화가 있었다. 춤에 대한 열정은 넘쳤지만 직업으로 선택하지 않게 되었고, 삼성 라이온즈 응원단장으로 데뷔도 했고, 체육대학 학생회장도 했다. 내가 다닌 학교가 명문이고 아니고를 떠나서 주어진 곳에서 나의 역할을 수행하고 그것을 바탕으로 나름대로의 인맥을 형성하고 사회적으로 성숙해지는 계기가 되었다.

40대가 된 지금은 체육대학 후배들이 존경하는 선배이자 닮고 싶은 롤 모델이 되었다. 이쯤 되면 좋은 대학을 나오거나 좋은 회사에 들어가는 것만이 인생에서 성공하는 것은 절대 아닌 것 같다. 얼마만큼 본인이 노력하느냐에 따라 새로운 인생을 설계할 수 있는 것이다.

지금은 하루하루가 행복하다. MC 및 강사로 일하면서 하면서 수많은 사람에게 즐거움을 줄 수 있어서 행복하고, 강사로서 나의 지식과 지혜를 청중에게 전달해 조금이라도 삶의 변화를 줄 수 있다는 데 엄청난 보람도 느낀다. 이러한 노력은 나의 만족과 함께 수입으로도 직결된다. 내가 점점 브랜드화 되면서 수입이 더욱더 늘어날 것을 생각하면 흐뭇하다.

이승엽 선수가 일본 최고의 명문 팀 요미우리 자이언츠에 입단한 후의 일이다. 그는 시즌을 대비하고자 겨울 동안 대구에서 운동했다. 우리나라와 일본과의 특수한 관계 속에서, 그것도 야구를 가장 좋아하는 나라인 일본에서 극성팬이 많기로 유명한 요미우리 팀의 4번 타자라는 부담감은 엄청났을 것이다. 이승엽 선수가 대구에 있는 두 달 동안 운동을 몇 번 같이 한 적이 있었다. 그는 야구 선수치고 큰 체격은 아니지만 겨울 내내 웨이트 트레이닝을 통해 그야말로 거구로 재탄생했다.

추운 겨울 매일 오전 8시에 집에서 헬스장까지 뛰어서 이동하고 엄청난 무게의 역기를 드는 등 일본에서 최고가 되기 위한 담금질이 마치 목숨을 건 무사 같았다. 옆에서 보고만 있어도 숨이 턱턱 막힐 정도였다. 운동이 다 끝나면 헬스장 바로 밑에 위치한 분식집으로 이동해서는 본격적으로 먹기 시작한다. 그만큼 운동을 했으니 폭식할 것이라고 예상했다. 하지만 폭식은 폭식인데 계란 흰자만 30개를 먹는 것이었다. 보는 내가 질릴 정도였지만 먹기 위해 먹는 것이 아니라 최고라는 목표 때문에 꾹 참고 먹는 그의 모습이 참으로 대단해 보였다.

야구장에서 홈런 치는 화려한 이승엽 선수의 이면에는 왜 그가 위대한 선수로 성장할 수 있는지를 알 수 있는 지독한 연습이 있었다. 일본에서의 성공을 위해서는 홈런 타자로서의 입지를 다져야 된다는 확고한 목표가 있었기 때문이다.

그것이 이승엽 선수를 일본 최고의 명문 4번 타자로 거듭나게 만들었다. 허벅지가 29인치에 달할 만큼 겨울 시즌의 운동은 흔히 말하는 지옥훈련이었다. 그의 머릿속에는 오로지 일본 무대에서의 성공만이 존재했기에 가능한 일이다.

이처럼 위대한 선수는 선천적 능력도 중요하지만 뼈를 깎는 노력과 수많은 유혹을 견디고 이겨냈을 때 탄생한다. 야구 선수라면 누구나 엄청난 노력을 한다. 그러나 이러한 노력 속에서도 질적인 부분과 정신력의 차이에서 스타와 슈퍼스타가 나뉘게 된다.

혹시 팬클럽이라는 그룹을 아는가? 순식간에 데뷔했다가 해체했지만 멤버 중 한 명이 현재 대한민국 최고의 가수가 되었다. 얼마 전 남자들의 로망 김태희와 결혼한 가수 비다. 박진영의 혹독한 훈련 속에 참고 견디며 최고의 스타로 우뚝 설 때까지 겪은 수많은 시련과 역경 스토리는 이미 대중에게 잘 알려져 있다.

비가 연습생 시절 했던 말이다.

"거울 보고 춤추다가 지치면 마이크 잡고 노래 연습을 했다. 목이 아플 때면 다시 거울 보고 연기 연습을 했다. 이렇게 춤과 노래 그리고 연기 연습을 하다 보면 해가 떴다."

얼마나 처절하게 노력했는지 알 수 있는 대목이다. 사실 첫 데뷔 때 훤칠한 몸매에 비해 외모가 부족하다는 말도 있었지만, 비는 오로지 실력 하나만으로 최고의 슈퍼스타 자리에 올랐다.

세상은 불공평하기 때문에 공평하다. 시작은 불공평할지 모르나 이것을 극복하면 공평해진다. 그렇기 때문에 성공한 이들에게 세상은 열광하는 것이다.

일상의 편안함에 익숙해지는 순간 성공은 멀어진다. 현재에 안락함에 젖게 되면 변화를 받아들이기 어렵다. 하지만 성공을 원한다면 반드시 이러한 익숙함을 물리쳐야 한다.

08

끝날 때까지
끝난 게 아니다

끝날 때까지 끝난 게 아니다.

· 요기 베라 ·

막다른 길에 몰리면 벗어나야겠다는 생각보다 '이제 끝이구나'
라는 현실이 먼저 다가온다. '안 된다'라는 생각이 모든 행동을 가
로막은 것이다. 용기보다는 두려움이 더 크기 때문에 그냥 포기해
버리는 경우가 많다.

스포츠 경기에서 역전을 만들어 승리할 때 선수는 물론 팬들
과 시청자 모두 짜릿함과 희열을 느낀다. 불가능을 가능하게 함으
로써 만들어 낸 에너지가 서로에게 공유되는 것이다. 사람들이 스
포츠에 열광하는 이유는 끝날 때까지 끝난 게 아니기 때문이다.
그래서 스포츠를 '각본 없는 드라마'라고 한다.

2013년 프로 야구 한국시리즈에서 삼성 라이온즈와 두산 베어스의 경기는 그야말로 한 편의 드라마였다. 7전 4선 승제로 진행되는 한국시리즈에서 삼성이 우세하다고 점친 전문가들의 예상은 4차전 이후 보기 좋게 빗나갔다. 만약 삼성이 우승하면 한국시리즈 4차전까지 1승 3패로 뒤지던 팀이 역전 우승한 첫 번째 주인공이 된다. 반대로 두산이 우승하면 정규리그 4위 팀으로는 사상 첫 한국시리즈 우승이다. 두 팀 모두 한국 프로 야구 역사를 새로 쓸 5차전을 남겨 둔 상태였다. 삼성은 1승 3패로 밀린 채, 두산 베어스의 홈경기로 치러지는 5차전에서 절대적으로 불리한 상황이었다.

"올해는 삼성 임마들 안 되겠다."

"아, 진짜 열 받네! 우째 한 점 차로 지노? 짜증 난다. 술이나 한잔 더 하러 가자."

잠실에서 4차전이 끝났을 때 응원석에서 관중들의 푸념 섞인 대화가 들려왔다. 삼성 팬들조차 두산이 우승할 것이라고 생각해 일찍이 포기하는 안타까운 상황이었다. 나는 숙소로 돌아와서 샤워를 하고 침대에 누워 TV를 켰다. 스포츠 채널마다 4차전 하이라이트가 나왔다. 패배한 경기를 나시 보니 마지 '누 번 숙는 느낌'이었다. 아쉬운 마음에 삼성 라이온즈 장원삼 선수에게 전화를 걸었다. 장 선수와는 워낙 거리낌 없는 사이였다.

"형님, 추운데 고생이 많심다. 형님이 응원을 똑바로 안 하니까

진다 아입니까!"

"머라카노! 니만 잘하면 된다. 컨디션 괜찮나."

"나는 괜찮지요. 가을의 사나이 아입니까!"

"이번에는 쉽지 않겠더라. 선수단 분위기는 어떻노?"

"좀 빡시기는 한데 내일 5차전 잡으면 대구로 가니까 역전 우승 합니데이. 기대하이소!"

"그래, 원삼이 아이가. 기대하마. 우리도 빡세게 응원할게!"

"마지막 7차전 가면 내가 선발투수입니데이. 진짜 빡세게 응원해 주이소, 형님!"

"오냐. 밥 챙겨 묵고 얼른 자라."

분명 선수들도 쉽지 않은 상황인 것을 알면서도 뭔가 기분 좋은 느낌을 가지고 있는 게 느껴졌다.

'제발 7차전까지 가자. 그러면 우리가 이긴다.'

모두의 바람대로 삼성은 5차전에서 어렵게 승리를 하고 대구 홈으로 와서 6차전과 7차전까지 연속으로 3번을 다 이겼다. 그렇게 대역전 우승이라는 드라마가 탄생했다. 사람들은 모두 얼싸안고 오늘이 최고의 날인 것처럼 너 나 할 것 없이 소리치고 뛰었다.

"봐라! 내가 우승한다고 안 카더나! 역시 우리 삼성 아이가. 내가 너거 땜에 산다."

앞서 말한 잠실에서 포기하고 술 마시러 가던 그 팬들이었다. 언제 응원석 뒤에 앉아 있었는지 참 희한한 인연이었다. 너무 웃기고 행복한 순간들이었다.

결국 모든 선수들이 기 싸움에서 밀리지 않았고 긍정적인 마인드를 가졌던 것이 우승이라는 선물을 가져다주었다. 정말 추운 날씨였지만 각오를 다지는 의미로 모두가 반팔 티셔츠를 입고 경기에 임하는 모습은 팬들에게도 강한 인상을 남겼다.

스포츠에는 이변이 정말 많다. 그래서 더 재미있다. 야구 선수들은 야구에 있어서는 전문가다. 선수들의 기량은 말할 것도 없다. 이것이 어떻게 발휘되고 뭉쳐지는가에 따라서 놀라운 결과로 나타나는 것이다.

나만의
성공 법칙을
세워라

01

작은 목표부터 시작하라

나는 괴물이 아니라 노력하는 인간이다.

· 왕정치 ·

대학교에 갓 입학한 여학생 대부분은 다이어트를 위해 식단을 조절하고 운동을 시작한다. 고교 시절 동안 학업에 대한 스트레스로 인해 몸매 관리에 실패한 학생들은 무서울 정도로 다이어트에 집착한다. 이들에게는 날씬한 몸매라는 최종 목표가 있기에 밥도 굶고 운동도 하면서 자기 변화를 꾀한다.

나는 매 학기마다 대학 강의 첫 수업에서 학생들에게 이번 달 목표를 3가지씩 적어 보라고 한다. 물론 나도 함께 쓰면서 실행하고자 노력한다. 그리고 다음 달 첫 수업에 목표 달성 여부에 대해 발표하고 간단한 시상도 한다.

첫 달에는 써 본 경험이 없어서인지 하나도 못 쓰는 학생들이 제법 많다. 그러나 종강 때가 되면 다들 쉽게 쓰고 지날 달과 비교하며 달라진 자신의 모습을 보면서 흐뭇해한다. 목표라는 확실한 동기로 인해 자신에게 일어난 작은 변화를 체험했기 때문이다. 이처럼 목표는 삶의 활력과 세상에 살아 있음을 느끼게 해 준다.

스무 살 댄스 팀으로 활동하던 시절, 일 년마다 레벨 테스트가 있었다. 레벨이 올라가면 건당 페이도 올라간다. 테스트가 얼마 남지 않은 시점부터는 몸이 부서져라 밤새 연습했다. 몸은 힘들었지만 컵라면과 새우깡, 지치고 멍든 육체와 정신을 맑게 해 줄 소주, 그리고 담배 한 모금의 행복과 멋이 있었다. 함께 연습하는 멤버들 모두 대한민국 최고의 댄서가 되겠다는 꿈과 승급하겠다는 똑같은 목표를 가지고 젊음을 불태웠다.

당시 B급이었던 나는 A급으로 올라갈 실력이라고 철석같이 믿고 있었다. 댄스 팀장님을 비롯한 팀원들도 나의 승급은 당연하다고 말했다. 총 3가지에 걸쳐 테스트가 진행되는데, 첫 번째는 지정곡 안무 시연, 두 번째는 자유곡을 선정해 직접 안무를 구성한 시연, 세 번째는 개인기 즉, 프리스타일 댄스 시연을 한다. 심사는 댄스 팀장님의 1차 심사와 회사 대표님의 2차 심사를 거쳐 최종 결정된다.

일주일이 지나고 연습실 앞 게시판에 테스트 결과가 발표됐다.

그러나 믿을 수 없게도 나는 탈락했다. 내 인생에 있어 처음 맛본 실패였다. 결과야 어찌됐든 단체 회식을 하러 갔다. 테스트를 통과한 멤버들은 세상을 다 얻은 기분으로, 탈락한 멤버들은 여자 친구와 헤어진 것보다 더 슬픈 기분으로 술잔을 부딪치며 웃음과 울음이 교차했다.

나는 탈락에 대한 결과를 받아들이지 못한 채, 집에 오면서 소주 두 병과 오징어 한 마리, 담배 한 갑을 사서 들어왔다. 한참 술을 마시고 술김에 댄스 팀장님께 전화를 걸어 밤새 울다 지쳐 잠들었던 기억이 난다. 스무 살의 목표를 이루기 위해 노력했던 열정들이 당시에는 작은 실패였지만 돌이켜보면 삶의 밑거름이 되고 미래를 기약할 수 있는 또 다른 기회를 제공해 주었다.

군 제대 후 나는 무작정 돈부터 벌어야겠다는 막연한 생각에 다시 사회에 발을 내디뎠다. 2000년 4월, 제대하자마자 야구장에서 대북을 치는 아르바이트를 했으니 그야말로 돈독이 올랐던 셈이다. 지금 생각해 보면 세상의 견해를 넓히고자 여행도 하고 역량 강화를 위한 자기 계발을 했더라면 어땠을까, 하는 아쉬움이 크지만 당시에는 돈 버는 것만이 최고의 목표이자 선택이었다.

일당 5만 원을 벌기 위해 아침에 이벤트 회사에 출근해서 운전을 하고, 행사장으로 이동해 단순 노동을 하고, 야구장으로 이동해 대북을 치는 일까지 빡빡한 스케줄 속에서도 열심히 일했다.

그 결과 야구장 아르바이트를 통해 김제동이라는 사람과 인연을 맺었고, 그로 인해 최고의 MC라는 꿈도 생겼다. 그 꿈을 위해 김제동의 모든 것을 배워야겠다는 목표도 세웠다. 이런 일련의 과정들이 지금의 내가 살아가고 있는 모습이 되었다.

참 신기한 일이지 않은가? 그 시절의 사소한 꿈과 목표가 현재를 살고 있는 내 모습이 된 것이다. 문득 옛 사진을 꺼내 볼 때마다 풋풋했던 그때의 추억이 아련하다. 꿈과 열정이 가득했던 20대의 모습은 다시 돌아오지 않지만, 나만의 하이라이트 영상으로 인생의 한 페이지에 저장되어 있다. 결국 목표가 있었기에 결과물의 만족 여부를 떠나 지금의 '김용일'로 살고 있는 것이다.

성공한 사람들에게는 공통점이 있다. 이루고자 하는 목표가 분명하고 언제 어디서나 그 목표에서 눈을 떼지 않는다. 세계적인 경영 컨설턴트 브라이언 트레이시는 《잠들어 있는 성공시스템을 깨워라》에서 다음과 같이 말한다.

"우리에게는 성공 메커니즘과 실패 메커니즘이 모두 있다. 실패 메커니즘은 편한 길로만 가려는 자연스러운 경향, 즉 행동이 장기적으로 어떤 결과를 가져올지는 고려하지 않고 즉각적으로 만족을 얻으려는 충동을 말한다. 실패 메커니즘은 자동적으로 하루 24시간 내내 작동한다. 대개 사람들은 재미있고 쉬우며 편한 것만 하려는 욕구에 따라 행동한다.

하지만 우리에게는 앞서 말한 성공 메커니즘이 있다. 성공 메커니즘은 실패 메커니즘을 무력화시킨다. 성공 메커니즘은 목표를 세우면 작동을 시작하는데 목표를 높게 세울수록, 그것을 이루려는 욕구가 강할수록 자기규율과 의지력은 높아진다. 또 목표를 성취하는 데 필요한 행동을 하도록 스스로 통제할 수 있는 능력도 생긴다. 비슷한 지능과 배경, 교육, 경험을 한 두 사람을 비교해 볼 때 항상 목적의식이 더 확고한 쪽이 이긴다."

하루 24시간은 누구에게나 공평하게 주어진다. 전날 밤 잠들기 30분 전부터 시작점을 정하면 어떨까? 나에겐 매일 밤 11시가 다음 날의 시작점이다. 잠들기 전 책상에 앉아 내일의 24시간을 그려 본다. 다이어리에 해야 할 일들을 적고, 괄호 안에 구체적인 실행 계획들을 정리한다. 그다음 눈을 감고, 적었던 작은 실행 목표들을 마무리했을 때의 기분 좋은 이미지를 떠올려 본다. 짧게나마 내일을 위한 준비 시간이 다음 날의 새벽을 활기차게 할 뿐만 아니라 낭비 없이 시간을 활용하게 만든다. 목표가 가져다주는 하루의 소소한 기쁨인 것이다.

내한민국 사람들은 항상 바쁘다. 직장에서도 시간이 부족해 집에 와서도 일을 한다. 겨우 끼니를 채우고 술 한잔에 하루를 마무리한다. 우리나라는 경제 수준이 낮은 일부 국가의 민족보다 여유롭지 못하고 행복지수도 훨씬 낮다고 한다. 당연히 삶 속에 미소가 사라진 지 오래다. 오늘도 내일도 똑같은 일상의 반복이다. 아무런 희망도 품지 않은 채, 오로지 내일은 별일이 일어나지 않기만을 바라면서 인생의 종착역을 향해 빠르게 달려가고 있다.

이제부터라도 목표를 다시 한번 써 보자. 내일의 목표를 잠들기 전 10분만이라도 투자해 소소한 행복을 느껴 보자. 삶의 질이 달라지고 하루의 시작이 즐거워질 것이다. 걱정, 근심보다 미소와 나의 꿈이 새롭게 떠오를 것이다. 이것이 인간이 살아가는 이유이자 삶의 가치다.

02

새벽 시간을 활용하라

내일 경기를 위해서 투수를 아낄 필요는 없다.
내일은 비가 올지도 모르니까.

· 레오 두로처 ·

오늘도 어김없이 알람소리에 뒤척이며 시계를 확인한다. 몸은 깨어나지 않았지만 머릿속은 일어날 시간이란 것을 알고 저절로 반응한다. 물론 맑은 정신에서 낮에 활동하는 리듬을 찾기에는 기상 후 어느 정도의 시간이 지나야 가능하다. 하지만 조금씩 익숙해지면서 이제는 아침형 인간, 아니 새벽형 인간으로 변신했다.

새벽 4시, 나에게 가장 소중한 하루의 시작이다. 이 시간에 대한 선택은 강제성이 없다. 벌떡 일어나거나 다시 잠에 드는 단순한 선택만으로 스스로에 대한 변화를 꾀할 것인지, 혹은 순간의 행복을 누릴 것인지 결정하는 것이다. 사계절의 변화와는 상관없이 새벽 4시는 세상 만물이 고요하다. 이 시간의 적막하고 조심스러운 느낌은 매일같이 일찍 일어난 사람만이 가질 수 있는 특권이다.

　예로부터 성공한 사람에 관한 일화를 보면 대부분 새벽형 인간이 많았다. 《김밥 파는 CEO》의 저자 김승호 회장의 《생각의 비밀》에는 다음과 같은 내용이 나온다.

"제너럴 모터스 CEO 대니얼 애커슨은 새벽 4시 30분에 일어난다. 로버트 아이거 월트디즈니 회장도 4시 30분에 일어난다. 하워드 슐츠 스타벅스 회장도 4시 30분이 기상 시간이다. 티모시 팀 쿡 애플 CEO 역시 새벽 4시 30분에 일어난다. 트위터 공동창업자 잭 도시는 5시 30분에 일어난다. 토리 버치 사장 토리 버치와 버진그룹 회장 리처드 브랜슨은 5시 45분에 일어난다. 세상은 6시를 두 번 만나는 사람이 지배한다. 하루에는 두 번의 6시가 있다. 아침 6시와 저녁 6시다. 해가 오를 때 일어나지 않는 사람들은 하루가 해 아래 지배에 들어갈 때의 장엄한 기운을 결코 배울 수 없다."

　나는 새벽형 인간이 되기까지 수많은 시행착오를 겪었다. 일어나기도 귀찮았고, 어찌어찌 일어나 세수한 뒤 책상에 앉아도 무엇을 해야 될지 멍했다. 그래서 무엇을 할지 계획을 세우거나 컴퓨터로 포털 사이트를 검색하는 등 비슷한 나날을 보냈다. 어떤 것이 제일 효과적인지를 판단하고 결정하는 데도 시간이 제법 걸린 셈이다.

이 시간에 무엇을 해야 만족을 느끼고 내일도 벌떡 일어날 수 있는 동기부여가 생겨날까? TV나 영화, 책을 볼 수도 있고, 회사 업무나 밀린 자료 정리를 할 수도 있다. 그러나 어려운 선택을 통해 얻은 소중한 시간에 대한 사용법이 너무 단순하고 아깝지 않은가? 하루의 시작을 이렇게 허무하게 흘려버리는 것은 안타까운 일이다.

나는 이란성 쌍둥이 아빠다. 요즘 아이들 커 가는 모습에 시간이 아까울 정도로 행복함을 느끼고 있다. 직업이 프리랜서다 보니 가족들과 함께할 시간이 일정치 않다. 그래서 일이 없을 때는 가족들과 많은 시간을 보내려고 한다. 프리랜서는 실력이 뒷받침되지 않으면 다른 어떤 직업보다도 살아남기 힘들다. 물론 한편으론 시간적 여유가 많아서 활용만 잘 하면 누구보다 여가를 충분히 즐기고 자기 계발을 할 수 있어 좋지만 마음 한구석엔 늘 불안함이 존재한다.

치열한 경쟁 속에 살아가는 삶 속에서 존재의 의미를 찾고자 선택한 것이 새벽에 기상하는 것이었다. 이 시간만큼은 쌍둥이들도, 이내도, 그리고 1분 1초라도 없으면 미쳐버릴 것처럼 소중한 스마트폰도 필요 없다. 고요한 적막과 밖에서 새벽을 알리는 새소리, 나의 하루를 시작한다는 마음의 울림만이 함께할 뿐이다. 원하는 것을 가지고, 맛있는 것을 먹음으로써 행복을 누릴 수도 있지만, 아무것도 필요 없이 나란 존재를 확인할 수 있는 이 시간의 가치는 그 무엇과도 비교할 수 없다. 이제는 알람시계를 맞추지 않아도 새벽 4시쯤이면 저절로 눈이 떠진다. 사람이 습관을 형성하는 데 걸리는 시간은 보통 66일, 즉 두 달 정도다. 누구나 어떤 행동을 습관으로 굳히기까지는 쉽지 않은 결단이 필요하다. 나 역시 그 시간에 잠이라도 푹 잤으면 낮에 졸리지는 않았을 것이라는 후회를 하면서 새벽 시간의 의미를 잃어버리고 포기했던 적도 부지기수였다.

우선 나는 계획 세우는 일에 집중했다. 계획을 세우면서 다이어리를 정리하는 일은 무척 즐겁고 가슴 설레는 일 중 하나다. 오늘 무엇을 할지, 이번 주에는 어떤 일을 해야 할지, 이번 달에 처리할 일은 무엇인지, 올해 반드시 이루고자 하는 목표는 무엇인지 등을 적은 뒤 매일같이 수정하고 읽어 보면서 다짐을 하다 보면 에너지가 끓어오른다.

그다음으로 실행한 것은 독서였다. 책 읽는 것을 원래 좋아하기도 했고, 정서 함양의 즐거움을 느끼고 저자와의 대화를 통해 지혜를 배울 수 있어서 좋았다. 물론 새벽 독서도 처음부터 쉬웠던 것은 아니다. 독서 역시 정적인 활동인 만큼 30분 정도 지나면 어느새 책상은 두 다리의 편안한 버팀목이 되어 책은 덮어버린 채 가장 편한 자세로 새벽잠에 들곤 했다.

나는 새벽 시간만큼은 스마트폰을 사용하지 않고 자연스럽게 자기계발하는 데 시간을 보내기로 마음먹었다.

다음은 현재 내가 새벽 4시부터 하고 있는 10가지 활동이다.

① 자기 전 다음 날 새벽에 할 일을 가볍게 예습한다.

② 기상 후 생수 두 잔을 마시고 세면한다.

③ 가벼운 기도와 명상을 5분간 한다.

④ 컴퓨터를 켜고 한 시간 30분간 작업을 한다.

　　ex) 글쓰기, 제안서, 강의 준비

⑤ 베란다로 나가서 10분 동안 맑은 공기를 마신다.

⑥ 30분 동안 독서를 한다.

　　ex) 의식 확장과 성공 관련 도서, 자기계발서

⑦ 한 시간 동안 작업을 한다.

　　ex) 글쓰기, 제안서 작성, 강의 준비

⑧ 신문을 30분간 읽는다.

⑨ 거실에서 20분 동안 스트레칭을 한다.

⑩ 아침 식사를 한다.

10가지 활동을 끝내면 오전 8시 30분이 된다. 생각과 행동의 실천이 동시에 이루어지는 것을 확인할 수 있다. 이를 통해 나는 점점 더 완벽한 새벽형 인간이 되어 가고 있다. 누군가 내게 "참 힘들고 피곤하게 사시네요."라는 말을 한 적이 있다. 세상에 태어나 살아가는 이유는 즐겁고 행복한 삶을 살기 위해서다. 그러려면 어느 정도 고통이 수반되는 것은 당연하다. 이러한 과정은 자신의 성장을 도모하고 삶의 가치를 확인하는 데 반드시 필요하다.

하루 24시간이라는 선물은 누구에게나 공평하게 주어진다. 달콤한 잠에 다시 빠져들지, 벌떡 일어나 스스로 변화와 성장을 이룰지는 자신의 선택에 달려 있다. 이 세상과 영원한 이별을 하는 날 잠은 평생 잘 수 있다. 바로 내일부터 한 시간이라도 일찍 일어나 보자.

03

자신과의 약속을 지켜라

나와의 약속은 단 한 번도 어긴 적이 없다.

· 스즈키 이치로 ·

어떠한 흔들림 없이 원칙대로 밀고 나가는 사람, 옳고 그름을 정확히 분별하는 사람을 가리켜 'FM 인간'이라고 부르곤 한다. 나는 원칙을 주장하지만 합리적이고 현실에 맞게 융통성을 발휘하는 실리주의자다. 일을 진행할 때는 여러 가지 변수가 많기 때문에 충분한 생각과 회의를 거쳐 적합한 방법을 찾는 편이다.

대학교 강의를 한 지 어느덧 10년이 넘었다. 처음에는 내 주제에 강의를 한다는 게 참 우스운 일이라고 생각했었다. 하지만 지금은 나름의 철학을 가진 인기 강사다. 현재 일하고 있는 분야인 레크리에이션, 스포츠 마케팅, 이벤트 기획에 관련된 강의를 주로 한다. 강의 내용은 과목의 요점을 사진과 영상을 통해 이해하기 쉽게 진행한다. 그리고 인생 선배로서의 살아온 과정과 에피소드를 이야기해 준다.

대학 시절, 내가 들었던 딱딱하고 원리 원칙적인 강의에서 탈피하고자 과감한 시도를 많이 했다. 나는 누구나 공감하고 고민될 만한 요소를 학생들과 함께 토론한다. 주입식 교육보다 한마디라도 자신의 생각을 표현할 수 있도록 가르치는 것이 내 강의의 기본 목표다. 학생들은 매 학기 매월 첫째 주 수업 시간에 목표 쓰기를 한다. 한 달 동안 실천 가능한 내용을 작성하도록 설명한 뒤 내 목표부터 읽어 준다.

"오늘부터 반드시 이루고자 할 목표를 3가지씩 써라. 그리고 휴대전화 배경화면으로 지정해라. 단 이룰 수 있는 것이어야 한다. 다음 달 첫째 주 수업 시간에 결과를 발표해서 목표를 달성한 친구에게는 선물을 주겠다."

말이 끝나는 순간, 여기저기서 볼펜 굴러가는 소리에 난리다. 학생들이 어떤 목표를 적었는지 몇 가지 소개하면 다음과 같다.

가장 많이 다짐하는 목표는 바로 수업에 빠지지 않고 출석하기다. 그다음으로는 담배 줄이기, 몸무게 5kg 감량하기 등이다. 뜬금없는 이야기를 하는 친구들도 있다. 벤츠 구입하기, 여자 친구와 결혼하기 등의 이야기를 하면 다 같이 웃음보따리가 터진다. 내가 대학교에서 강의를 하는 이유 중 하나는 바로 이러한 학생들의 순수함을 느끼고 싶어서다. 또한 젊은 트렌드를 놓치지 않기 위해 학생들을 눈여겨보고 거꾸로 그들에게서 배운다.

이처럼 작은 목표가 생기면 자신의 생활패턴을 바꾸기 위해 조금이라도 노력하게 된다. 삶을 대하는 태도가 좀 더 진지해지고 시간의 소중함을 깨달을 수 있다. 한 달이 지나서 목표달성 발표 시간이 되면 학생들의 기대와 실망이 교차한다. 목표를 적어 보라는 나의 요청을 마지못해 받아들인 학생들은 목표를 적었다는 사실조차 까마득히 잊은 채 "그런 걸 언제 했어? 왜 난 몰랐지?"라는 반응을 보인다. 반면 목표 이상을 달성한 학생은 간단한 시상이 끝난 뒤 만족감을 느끼고 다음 달 목표를 상향 조정한다.

나는 학생들의 모습을 보면서 많은 것을 깨닫는다. 나의 말 한마디로 인해 달라진 생활습관과 소소한 즐거움, 목표 성취에 감동하는 모습을 보면서 대리만족을 느끼는 것이다. 이로 인해 나 역시도 더더욱 많은 것을 전해 주고자 발전하는 계기가 된다.

프로 강사는 부지런해야 한다. 그리고 시간과 돈 관리에 철저해야 한다. 스스로를 가혹할 만큼 궁지로 몰아세워야 발전이 있고 일도 넓어지지 않는다. 나의 일주일 스케줄을 살펴보면 오전에는 주로 대학교에서 강의를 하고, 오후에는 관공서 혹은 기업체에서 강의를 한다. 저녁 시간은 야구 경기가 있을 때는 야구장으로 가고, 없을 때는 행사를 하며 그것도 아니면 그냥 휴식이다. 직장인과 다르게 스케줄을 마음대로 조정할 수 있는 것이 장점이다. 다만 고정 수입이 있고 없고의 차이가 상당히 중요하다. 내게는 대학교 강의와 야구 경기가 고정 수입이다. 행사는 시기를 타기 때문에 행사가 없을 경우에는 그야말로 백수 신세다.

프로 강사는 확고한 자기만의 원칙이 필요하다. 다음은 이제껏 내가 지키고 있는 원칙이다.

첫째, 행사나 강의 전날은 절대 음주하지 않고 밤 11시 이전에 잔다.

둘째, 행사 관련 시나리오와 큐시트는 반드시 사전에 숙지하고 간다.

셋째, 행사장에는 반드시 2시간 전에 도착해서 사전 미팅을 한다.

야구장에서 일한 지 어느덧 20여 년이 되었다. 마스코트로 활동했던 20대 청춘을 지나서 이제는 웬만한 코칭 스텝과 연배가 비슷한 야구장의 중고참이 되었다. 마음은 여전히 소년이지만 야구장의 모습도 많이 바뀌고 사람들도 바뀌고 분위기도 달라졌다.

야구장은 성공의 무대다. 대한민국 야구 스타들이 한자리에 모여 실력을 겨룬다. 멋지고 화려한 선수들의 모습이 먼저 떠오른다. 하지만 경기 시작 전까지 선수들이 어떻게 시간을 보내는지 구단 관계자와 기자들 외에는 알 수 없다. 연습이 우선이다. 선수들은 각 포지션별로 움직인다. 열심히 하고 땀 흘리는 모습에 진정한 상 남자의 포스가 느껴진다. 그들 중에서도 정말 간절함이 느껴지는 선수들은 뭔가 다르다. 이들의 눈빛은 날카로움을 넘어 무서울 정도다. 바로 옆에 있는 사람도 모두 경쟁자다. 동료를 밟고 올라서야 되는 처절한 장소이기도 한 곳이 바로 야구장이다.

선수들에게도 원칙이 있다. 선배들이 먼저 연습할 수 있도록 후배들이 돕는다. 연습 장면을 보면서 선배의 장점을 자신의 것으로 흡수하고자 한다. 선배들은 연습이 끝나면 휴식을 취하면서 후배들의 연습을 돕기도 한다.

나 역시 야구장에 출근할 때 철저하게 지키는 것이 있다. 바로 인사다. 주차장에 들어설 때부터 경비 아저씨와의 인사가 시작된다.

"아저씨, 안녕하십니까? 건강 하시지예?"

"그래, 오늘도 행사하고 오는 길이가?"

"예. 더운데 커피 하나 잡수이소."

"그래도 내 챙기는 건 용일이 니밖에 음따."

"아입니다. 아저씨 수고 하이소."

"그래, 오늘도 욕 바래이."

기분이 좋아지고 정이 쌓이는 대화가 끝나고 야구장 안으로 들어서면 인사할 일이 많아진다. 구단 관계자들을 비롯해 심판실, 방송실, 중계실, 기자실, 경호실, 식당, 매점 등 한 경기가 있기까지 수많은 사람들의 노력이 존재한다. 그들과 인사를 하면서 한

바퀴 돌고 나면 마음이 부자가 된 느낌이다. 이처럼 인사는 사람을 웃게 만드는 가장 큰 무기이자 인간관계를 지속시키는 연결고리다.

누구나 자신도 모르게 몸이 먼저 반응하는 경험을 한 적이 있을 것이다. 무의식적으로 몸이 움직이는 것이다. 음악이 나오면 머리를 흔들며 리듬을 타듯이 특별한 장소든 익숙한 곳이든 자기만의 특별한 의식이 있다. 이것들을 잘 다듬고 발전시키면 훌륭한 습관으로 이어진다. 결국 습관이 특별한 나만의 원칙으로 완성되는 것이다.

세상에서 가장 강한 사람은 자기 자신과의 싸움에서 이기는 사람이라고 한다. 싸움은 스스로와의 약속이다. 내가 책을 쓰고 있는 이 순간도 나와의 약속을 지키고 있는 것이다. 때로는 그 약속을 지키지 못할 때가 더 많다. 포기하고 싶거나 내일로 미루기도 한다. 그러나 나 자신과의 다짐도 지키지 못한다면 큰일을 해낼 수 없다. 그래서 나는 오늘도 나만의 원칙을 지키며 살아간다.

04

베테랑 MC도
리허설부터 한다

무념의 상태에서 한순간 공 한 개에 집중한다.

· 케빈 브라운 ·

우리의 삶은 오늘도 현실과 직면한다. 조금이라도 달라지기 위해 노력하는 사람이 있는가 하면 지겹고 힘들어도 주어진 운명이라고 받아들이는 사람도 있다. 이 가운데 행복과 불행이 교차한다. 어떤 이는 이런 반복조차 즐기고 다른 이는 해야 될 수밖에 없는 초라한 현실만을 탓한다.

나는 MC이자 강사다. 이제는 강사라는 수식어가 더 어울린다. 강사는 내가 가장 잘하고 자신 있는 일이지만, 최고의 강사가 되기 위한 고민은 예나 지금이나 마찬가지다. 20대 중반, 나는 MC가 되기 위해 잘나가는 MC들의 모든 것을 흡수하고자 전국을 떠

돌아다녔다. 내가 멘토로 삼았던 방우정 선생님, 이도현 선생님, 그리고 김제동 형님 등을 맹목적으로 따라다니고 지켜보면서 공부했던 것이 어떻게 보면 내 인생의 리허설인 셈이다. 그분들 역시 수많은 리허설 속에 지금까지 후배들의 멘토로서 제 역할을 다하고 계신다.

자신의 분야에서 뛰어난 사람은 모든 이들에게 부러움의 대상인 동시에 인정을 받고 엄청난 수입을 창출한다. 반면 잘할 수 있는데도 불구하고 헛된 시간만 보내고 후회만 하는 사람은 늘 제자리걸음이다. 이러한 사람은 재능이 없고 원래 못나서 그럴까? 결코 아니다. 순간의 행동과 실천이 현재 본인의 모습과 결과로 나타난 것이다. 자신의 일에서 흘린 땀방울 하나하나가 스스로에 대한 만족과 행복감으로 표현되는 것이다. 이로 인해 세상이 아름답게 보일 수도 있고, 하루하루가 괴로울 수도 있다. 이것이 바로 자신의 분야에서 잘나가는 사람과 그렇지 않은 사람의 차이다.

올해 불혹을 넘기고 인생을 되돌아보면서 만족할 만큼의 노력을 했는지 스스로에게 질문을 자주 한다. 연습은 반드시 성과로 나타난다. 성과는 나를 당당하게 만들고, 밥을 안 먹어도 배부른 것처럼 든든하게 한다. 이것이 연습의 효과이고 리허설을 하는 이유다. 시간이 흐르고 나이가 들면 경험이 많아서 노련하다고 한다. 하지만 노련함보다 젊은 사람들과 똑같은 조건에서 승부를 통해 이기고 승리하는 것이 진정한 연습의 결과다. 이런 노력에 노련함이 첨가되면 비로소 베테랑의 진면목이 나타나는 것이다. 그래서 지금 이 순간에도 뒤처지지 않으려고 연습하는 선배들이 많다. 급변하는 세상 속에 도태되지 않고 적응하려면 과연 어떻게 해야 할까? 위에서 언급한 세 분의 멘토 가운데 두 분에 대한 이야기를 하려고 한다.

대한민국 이벤트 MC 분야의 대부인 방우정 선생님은 업계에서는 누구나 알아주는 유명 인사다. 하지만 일반 사람들에게는 생소한 이름일 것이다. 선생님은 그의 제자이자 방송인 김제동을 통해 세상에 알려졌다. 이후 방송에도 출연하고, MC로 활동하던 시절보다 현재 유머강사로서 섭외조차 힘든 제2의 전성기를 누리고 계신다.

제동이 형이 MBC 〈황금어장 무릎팍도사〉에 출연했을 때, 만약 결혼을 하게 되면 주례는 방우정 선생님이라고 말한 덕분에 선생님은 당시 실시간 검색어 1위까지 차지했다. 이로 인해 수많은 방송사에서 선생님을 섭외하고자 경쟁하기도 했다. 대중들의 수요는 폭발적이었고 강의 업계에서도 요청이 폭등했다. 선생님은 삶의 현장에서 웃음과 감동을 전하는 게 본인의 사명이라며 오늘도 전국을 바쁘게 누비고 다니신다.

다음은 방우정 선생님의 강의 내용 중 일부다.

방우정: 김제동이 MC가 되려고 처음 나를 찾아왔을 때 그 친구의 얼굴을 보는 순간, '얘는 무조건 내가 도와줘야겠다'라는 생각이 들었습니다.

관객들: (쓰러지며 배 잡고 웃는다.)

방우정: 그래서 당시 대구 놀이공원과 쇼핑몰 전속 MC 자리를 김제동에게 물려줬어요.

관객들: 우와~

방우정: 그런데 제동이가 뜨는 바람에 다시 내가 맡아서 이 나이에 MC를 하고 있어요.

관객들: (또 웃음이 터진다.)

이 사례만 보더라도 우스운 상황이 머릿속에 그려진다. 강의를 많이 따라다니면서 매번 듣는 멘트지만 재미있게 풀어내는 능력은 타의 추종을 불허한다. 대구, 경북의 MC 모임인 'MC리더스'가 있다. 제동이 형도 여기 출신이고 나 또한 이곳에 소속되어 활동하고 있다. 지금 활동하는 MC 후배들이 가장 들어오고 싶어 하는 선망의 단체다.

MC리더스는 매주 목요일 오전 11시에 주간회의를 한다. 선생님은 항상 먼저 오셔서 독서와 강의 연구는 물론이고, 후배들에게 SNS에 대해 물어보면서 트렌드에 뒤처지지 않기 위해 노력하신다. 또 장소를 가리지 않고 이미지 트레이닝을 하신다. 리허설이 몸에 배어 있는 분이다. 대한민국 최고의 명강사라고 불리는 이유가 다 여기에 있다.

현재 의전 MC, 전문 강사, 지역 방송인으로 활동하시는 이도현 선생님은 이벤트 회사 직원으로 일을 시작하셨다. 업계에서는 일명 '바른 MC', '바른 아나운서'로 통한다. 자신에게 철두철미하고 남에게 피해를 끼치는 행동은 절대 하지 않는 이른바 'FM 스타일'이기 때문이다.

선생님은 일정이 있는 날이면 행사장이든 강연장이든 2시간 전에 도착한다. 이후 담당자와의 티타임을 통해 시나리오를 점검하고, 무대 앞에서 혼자 시뮬레이션을 진행한다. 리허설이 끝나면 그날 참석하는 사람들이 들어오는 입구로 간다. 거기서 청중들을 파악하며 일일이 인사를 나눈다. 대부분의 MC나 강사들도 비슷한 준비 과정을 거치지만, 이 선생님의 완벽함을 느낄 수 있는 단적인 일화가 하나 있다.

대구 전역에 오전 7시부터 9시까지 방송되는 TBN 한국교통방송 〈출발! 대구대행진〉이라는 라디오 프로그램이 있다. 버스 및 택시 기사님들이 가장 좋아하는 라디오 프로이자 직장인들이 출근길에 교통 정보를 얻을 수 있어서 애청자들이 많다. 이 프로그램을 위해서 선생님은 매일 오전 4시에 기상했다. 집에서 방송국까지 한 시간은 족히 걸리지만, 대본 리딩, 담당 PD와의 미팅, 스튜디오 점검 등을 위해 새벽부터 분주히 움직이곤 하셨다.

하루는 알람시계가 고장 나 울리지 않았는데 눈을 떠 보니 오전 7시였다. 휴대전화는 배터리 방전으로 꺼져 있었고 방송 진행은 다음 프로그램의 MC가 대체 진행을 했다. 본인으로서는 있을 수 없는 실수였다. 그렇다고 술을 마시는 분도 아니고 밤늦게까지 연구하는 일 외에는 비교적 일찍 주무시는 편이었다.

결국 스스로에 대한 질책과 반성하는 의미로 선생님은 방송 하차를 선언했다. 어떤 이에게는 당장의 수입원이 사라지는데, 왜 미련한 선택을 했는지 이해할 수 없는 결정이겠지만, 지금까지의 이도현 선생님의 삶에 비추어 봤을 때는 충분히 이해가 가는 결정이었다.

사람은 누구나 실수를 한다. 그래서 끊임없는 노력과 연습이 필요한 것이다. 내 삶의 주인공으로서 만족과 행복을 느끼려면 완벽한 리허설이 바탕이 되어야 한다.

05

수입을 창출하는
4가지 비법

공 9개로 삼진을 3개 잡는 것보다
공 3개로 땅볼 3개 잡는 것이 낫다.

· 밥 깁슨 ·

　　나는 일주일에 한 번은 꼭 서점에 들른다. 책 쓰기에 필요한 자료 수집을 위해 관련 서적을 구입하고 최신 트렌드를 파악하고자 자주 가는 편이다. 사람들이 즐겨 찾는 인기 작가의 책은 언제나 베스트셀러에 진열되어 있다. 그중 대중들의 관심 1순위는 바로 재테크 도서와 자기계발서다.

　　세상은 성공한 사람들로 넘쳐난다. 다양하고 독특한 방법으로 자신의 성공담을 풀어내면 대중들은 동기부여와 자극을 받는다. 스스로에 대한 채찍질을 통해 자신의 성공을 꿈꿀 수 있기 때문이다.

전 세계적으로 한류 열풍은 '코리아'라는 이름을 알리는 데 대단한 역할을 했다. 그 가운데 싸이의 〈강남스타일〉은 한류 열풍의 정점을 찍는 동시에 싸이를 세계적으로 인정받는 아티스트로 발돋움하게 만들었다.

그는 데뷔 시절부터 독특했다. 통통한 몸매에 어설픈 춤 실력이었지만 그의 음악은 그에게 최적화된 댄스였고 노래였다. 그 모습을 형상화한 캐리커처가 나오고 캐릭터 상품이 나오면서 싸이는 하나의 브랜드가 되었다. 흔하지 않고 완성되지 않은 느낌의 그 모습이 자신만의 독특한 트레이드 마크가 된 것이다. 노래나 댄스, 패션을 본인 스타일에 맞게 제작하고 연습했던 싸이의 성공 방식은 크게 인기를 끌었다. 자신의 단점을 장점으로 바꿔 차별화시킨 것이 대중들에게 통했던 것이다.

2012년 〈강남스타일〉 뮤직비디오가 인기를 끌면서 돌풍이 휘몰아치더니 유튜브 조회 수 2억을 넘기며 그해 전 세계에서 가장 많이 본 뮤직비디오가 되었다. 세계 유명 인사들이 너도 나도 강남스타일의 말 춤을 추며 홍보 도우미 역할을 톡톡히 했다. 상황이 이렇게 되자 전 세계적으로 싸이 모시기에 바빠졌고, 싸이는 한순간에 세계적인 뮤지션으로 거듭났다. 뉴욕 타임스퀘어에서 MC 해머와 함께 한 해를 마무리하는 행사에서도 마지막 무대를 장식했다.

이벤트 MC와 전문 강사가 직업인 나는 클라이언트가 많아야 한다. 다시 말하면 나를 필요로 하는 기업체나 기획사가 많아야 수입이 계속 발생한다. 보험 판매원이나 자동차 영업사원도 그들의 상품을 필요로 하는 고객들이 많아야 한다. 그래서 매일 새로운 사람을 만나고 소개받는 등 영업을 하는 것이다. 새롭게 알게 된 고객들의 사후 관리를 위해 친절을 베풀고 단골 고객으로 만드는 일이 생계와 직결되므로 인간관계가 바로 밥줄인 셈이다.

수입을 창출하기 위해서는 직업에 따라 여러 가지 방법들이 존재한다. 자기만의 방식을 통해 공부하고 노하우를 익히는 것이 삶을 영위해 나가는 수단이기 때문이다. 수많은 시행착오와 시련, 역경이 성공이라는 열매를 가져다준다.

다음은 나만의 수입 창출 비법이다.

첫째, 새벽 시간을 활용한다. 언제부턴가 나는 새벽형 인간으로 변했다. 처음에는 쉽지 않았지만 이제는 알람시계가 없어도 저절로 눈이 떠진다. 새벽에만 느낄 수 있는 모든 것들이 달콤한 잠보다 훨씬 가치 있다는 것을 알게 되면서부터 일어나는 것이 수월해졌다. 새벽에는 세상 만물이 서서히 잠을 깨고 생명체들이 기지개를 켠다. 고요함과 신비감이 느껴지는 이 순간을 누구에게도 방해받지 않는 소중한 시간이 바로 새벽이다. 이 시간만큼은 하루에 가장 많은 시간을 함께하는 스마트폰도 휴식을 취할 수 있도록 한다.

새벽 4시부터 시작되는 나만의 시간을 잘 활용하고자 매일 밤 잠들기 전 철저하게 준비를 한다. 내일의 할 일을 포스트잇에 적고 그것을 책상 앞에 붙여 둔다. 그러면 쓸데없는 시간을 줄일 수 있다. 새벽에 일어나 제일 먼저 하는 일은 기도와 명상이다. 기도와 명상을 통해 몸과 마음을 깨운 다음, 오늘 펼쳐질 일들에 대한 이미지 트레이닝을 한다. 이후에는 계획한 대로 진행한다.

나는 새벽 시간을 오로지 자기계발을 위해 사용한다. 인생을 멀리 보고 삶의 질적인 향상을 위해서는 당장의 일도 중요하지만 내공을 연마할 필요가 있다. 그래서 독서와 책 쓰기에 새벽 시간을 투자한다. 독서를 통해 지식은 물론이고 삶의 지혜도 쌓을 수 있다. 이 책을 쓰고 있는 지금도 바로 새벽이다. 잡생각이 들지 않고 집중도 잘 되어 책 쓰기에 너무 좋다. 이러한 이유 때문에 새벽 시간에는 가급적 일과 연관된 업무나 과제와 같은 부담스러운 것들은 잠시 제외한다. 이렇게 활용한 시간들이 몇 년이 지나면서 적지 않은 내공이 쌓였다는 게 느껴진다.

둘째, 매수 월요일 지인들에게 문자를 보낸다. 다양한 인터넷 문자 사이트 가운데 내가 사용하는 곳은 디자인도 만들 수 있고 생활정보나 상식도 제공할 수 있다. 그래서 비용도 제법 든다. 물론 요즘엔 스팸 문자가 워낙 많아서 읽히기도 전에 삭제되는 경우도 많지만 꾸준히 하다 보니 성과가 많았다. 어떤 분은 내가 해외 행사로 몇 주간 출장을 갔을 때 문자가 오지 않아서 걱정이 됐는지 전화를 걸어오기도 했다. 이런 분들이 있어 단 한 통의 문자라도 소중히 생각하고 정성스럽게 보낸다.

셋째, 의도적으로 자리를 만든다. 20대 때부터 이벤트 업체 사장님들과 함께하는 어려운 자리에 나는 자청해서 참석하곤 했다. 업체 대표들에게 눈도장을 찍을 수 있는 기회이기에 피곤함을 무릅쓰고 새벽까지 자리를 지켰다. 이렇게 얼굴을 익히고 만날 때마다 인사를 드리니 자연스럽게 나를 기억해 주셨다. 30대 이후에는 이것이 큰 작용을 해서 지금도 즐겁게 일할 수 있는 바탕이 되었다.

넷째, 비움으로써 채운다. 누구나 자기만의 성공 비법이나 비장의 무기를 가지고 있다. 나는 MC 공부를 할 때의 자료나 강의를 위해 만든 자료 등도 다 공개한다. 나의 강의를 수강하는 학생들, 강연을 갔을 때 관심을 가지는 청중들에게는 모든 것을 다 내어 준다. 내 안의 모든 것을 버리고 비워야만 새롭게 채울 수 있다. 배운 것을 내어 주고, 그 자리를 공부를 통해 다시 채워 넣어야 깊이 있는 내공이 쌓이기 때문이다.

세상에는 성공한 자와 그렇지 못한 사람 혹은 부자와 빈자로 나뉜다. 어떻게 보면 같은 맥락이다. 성공한 사람들의 대부분은 부자이고 여유롭고 행복한 삶을 산다. 당신도 성공한 강사 및 MC의 삶을 살기 위해 다양한 조언을 얻고 싶다면 010.4525.8943으로 연락하기 바란다. 먼저 이 길을 걸어온 선배로서 당신에게 많은 이야기를 들려줄 것이다.

06

세상과 타협하지 마라

야구는 체력이 떨어지면 두뇌로 대신할 수 있다.

· 왕정치 ·

우리 가족은 하루 일과를 마친 후 다 같이 저녁 식사를 하며 수다를 떤다. 웃음꽃이 만발하고 스트레스가 확 풀린다. 가족의 소중함과 행복을 느끼는 이 시간이야말로 남부러울 것 없는 삶이다. 이 순간만큼은 힘들었던 일이나 고민 등은 잠시 잊은 채 마냥 즐겁다.

TV 뉴스를 보면, 이러한 행복을 느끼는 가족이 많지 않다는 것을 새삼 느낀다. 세상은 온통 사기와 범죄가 지배하는 것처럼 느껴져 두려울 때가 많다. 가정의 불화, 친구의 배신, 지인의 사기 등 이러한 사건의 공통적인 원인은 대부분 금전 문제다.

전 세계에서 우리가 살고 있는 대한민국은 20위권 이내의 경제 대국이다. 상당한 경제적 수준을 갖췄음에도 불구하고 서로를 이해하지 못해 시기, 질투하고 심지어는 살인까지 하루도 빠짐없이 일어난다는 것이 참 아이러니하다. 경제 지표로는 선진국에 속할지 몰라도 실제로 느끼는 국민들의 행복지수는 개발도상국보다도 못한 상황이다. 부익부 빈익빈 속에 어려움을 겪는 사람들이 많다 보니 극단적인 선택을 하는 경우도 많다.

그렇다면 부모의 든든한 경제력이 뒷받침된 '금수저'가 아니고서는 이 땅에 살 수 없다는 말인가? 천만의 말씀이다. 수많은 사람들이 자수성가를 이루고 다양한 직종에서 부를 이루며 꿈을 성취하고 있다. 현재 처한 조건이 자신의 삶을 대변하지 않는다는 말이다. 자신의 노력과 끊임없는 자기계발로 인해 시련과 위기를 극복할 수 있다.

"난 안 돼! 왜 나는 실패만 하는 걸까?"

"내 팔자에는 귀신이 붙어서 재수가 없나 봐."

이런 푸념과 신세 한탄만 하다가는 아까운 시간만 흘려보내게 된다. 자신의 삶을 변화시키기 위해 가장 필요한 건 바로 의식의 변화다. 의식이 곧 삶의 전부다. 머릿속에 가난이라는 두 글자가 자리 잡은 채, 대범한 생각보다 평범한 생각이 어울리는 사람으로 살아왔다면 더 이상 발전할 수 없다.

자! 지금부터라도 자신의 생각을 바꿔 보자. 모든 생각의 틀을 긍정적으로 바꾸고 부정적인 말 대신 의식적으로 좋은 말만 하도록 하자. 이러한 생각과 행동이 습관이 되도록 해야 한다. 의식을 변화시키기 위한 가장 기본적인 요소다.

부모의 경제력이나 배경으로 각자의 출발점은 다를 수 있다. 하지만 세상 누구에게나 시간은 공평하게 주어진다. 이 시간을 어떻게 활용하느냐에 따라 삶의 질은 완전히 달라진다. 경제력은 물론이고 결국 자신의 운명을 결정짓는 것이다. 가진 것이 없다고 세상을 한탄하는 시간조차도 아깝다. TV 프로그램도 성공 스토리에 관한 내용이 인기가 있지, 처음부터 부자이거나 재벌에 관한 내용을 다루는 것은 재미가 없다. 이처럼 의식을 변화시키기 위해 지금부터라도 노력해야 한다.

대학교 입학 당시, 나는 첫 등록금만 부모님께서 해결해 주시고 그 이후로는 내가 직접 마련했다. 야구장 아르바이트를 통해 모은 돈으로 등록금을 내고 부족한 부분만 부모님께 요청했다. 대학원 등록금도 마찬가지였다. 응원단장을 하면서 돈을 모으고 부족한 돈은 학자금 대출을 통해 해결했다. 결국은 나의 성장을 위해 공부를 하는 것인데, 금전적인 도움을 받는다는 것 자체가 싫었기 때문이다.

사람들은 성공 스토리에 열광한다. 매일 가까이서 보는 야구 선수지만 그들이 지금까지 성공한 과정을 보면 평탄했던 선수를 꼽기가 어려울 정도다. 부모님이 안 계신 선수도 있고, 가정 형편이 넉넉하지 않아 어릴 적부터 합숙소나 감독님 댁에서 잠을 자면서 꿈을 키운 선수도 많다. 이들에게는 오로지 야구 하나만이 세상을 이길 수 있는 유일한 방법이었다.

과연 이들이 세상과 타협하고 자신이 처한 신세만 한탄했다면 성공한 선수로 성장할 수 있었을까? 세상이 불공평하고 싫다고 느끼면서도 분명한 목표를 이루고자 미래를 향해 달려왔기 때문에 지금의 모습을 이룬 것이다. 그리고 야구 선수가 꿈인 청소년들의 롤 모델이 되고 국민들에게 꿈과 희망을 전해 주는 해결사 역할을 하고 있는 것이다.

가진 것 없이도 세상을 이길 수 있는 3가지 방법이 있다.

첫째, 자신의 일에 대한 즐거움이다. 춤이 좋아서 시작했던 야구장 마스코트 아르바이트가 내게는 세상의 탈출구였다. 함께하는 동료가 있어 행복했고, 제일 좋아하는 야구를 보면서 일한다는 것 자체가 즐거웠다. 응원단장이 되면서 역할도 많아지고 책임의식도 강해지면서 수입은 자연스레 늘어났다. 점점 세상을 보는 눈이 달라졌고 스스로 성장한다는 것을 느낄 수 있었다. '세상이 힘들어도 나를 필요로 하는 자리가 있구나'라는 생각이 들었다. 이때부터 삶이 즐겁고 하루의 시작이 너무나도 기대되고 좋은 일만 가득할 것이라는 긍정의 마인드가 자리 잡았다.

둘째, 확고한 목표와 꿈이다. 인생을 살면서 외롭고 힘들 때 자신을 이해하고 위로해 줄 수 있는 것은 결국 꿈이다. 꿈은 한순간에 이루어지지 않는다. 꾸준히 꿈을 좇다 보면 자신도 모르게 꿈에 가까워진다. 마스코트 아르바이트에만 머물렀다면 단지 재미있는 경험으로 끝났을지 모른다. 응원단장이 되는 것을 상상하고 기회를 만들기 위해 노력했고 김제동 선배를 보며 장내 아나운서의 꿈을 키웠기에 역경도 즐거움으로 받아들일 수 있었던 것이다.

셋째, 모든 것을 극복하겠다는 간절함이다. 가난을 운명으로 받아들이고 현실에 만족한다면 고통 속에 살다가 이 세상을 떠나게 될 것이다. '나 스스로 운명을 바꿔야지'라는 다짐은 왜 상상 속에서만 가능하다고 생각하는 것일까? 이미 의식 자체가 성장할 수 없도록 한계를 규정하고 있기 때문이다. 나는 야구장에서 꿈을 키우고 많은 자극을 받으며 살아왔다. '나라고 왜 안 돼?', '내 위치에서 최고가 되어야지' 이런 생각을 하루라도 안 한 적이 없었다. 선수들의 모습도 큰 자극제가 되었다. '나도 수입 차 타고 싶고 예쁜 아내와 멋진 집에 살고 싶다'라는 생각을 현실로 바꾸기 위해 달리고 또 달렸다.

결혼을 하기 위해서는 목돈이 필요했다. 내가 모은 돈으로는 턱없이 부족했다. 하지만 나에겐 모든 것을 해결하겠다는 확고한 신념이 있었다. 그렇게 어느 순간 연봉은 억대를 훌쩍 넘었고, 결혼한 지 8년이 지난 지금은 스스로 구입한 집이 3채나 된다. 그리고 쌍둥이 자녀, 사랑하는 아내와 함께 또 다른 미래를 꿈꾸며 행복하게 살고 있다.

세상을 살아가는 것은 너무나도 재미난 일이다. 가끔 화나는 일도 많지만 행복한 순간이 훨씬 많다. 오늘도 나는 졸린 눈을 비비며 집을 나선다. 몸은 피곤해도 마음만은 여유롭다. 나를 필요로 하는 직장이 있고, 반겨 주는 가족이 있고, 앞으로 나아갈 꿈이 있지 않은가? 이 모든 것이 세상과 맞서 싸우는 데 큰 힘이 될 것이다.

07

이미 이루어진 것처럼 상상하라

야구에서 안타 3천 개를 치는 데 17년이 걸렸지만,
골프에서는 그것을 하루에 해치웠다.

· 행크 아론 ·

　사람이라면 누구나 되고 싶고 이루고 싶은 꿈이 있다. 그러나
세월이 흐르고 나이가 들수록 명확했던 꿈은 점차 흐릿해진다.

　꿈을 이루기 위해서는 어떻게 해야 할까? 서점에 가 보면 성공
에 관한 수많은 책들이 있다. 책 속에는 시간, 자기관리, 목표 등
성공과 관련한 단어들이 많이 나온다. "원하는 것을 종이에 적고
그것을 생생하게 떠올리면 성공한다."라는 말은 이미 유명해진 지
오래다. 꿈을 이루는 것은 참 쉬우면서도 어렵다. 이게 무슨 말일
까? 학창 시절 부모님이나 선생님으로부터 지겹게 듣던 꾸지람이
알고 보면 성공으로 가는 가장 쉬운 방법이다. "일찍 자고 일찍 일

어나라.", "자투리 시간을 활용해라.", "원하는 것을 종이에 써서 책상에 붙여 둬라.", "성공한 사람들과 어울려라.", "자기 자신에게 지지 마라." 등 귀가 닳도록 들은 말들이다. 오히려 너무 당연한 말이라서 등한시했던 것이다.

나의 꿈은 단계별로 변해 왔다. 초등학교 때는 야구 선수가 동경의 대상이었다. 친구들과 가장 많이 하며 놀던 것이 야구였다. 집과 야구장의 거리도 가까워서 자주 접할 수 있었다. 중학교에 들어가면서는 배구 선수가 되고 싶었다. 그래서 성당에 다니면서 배구를 배웠다. 매년 각 지역 성당의 대표 선수들이 모여 겨루는 배구 대회는 대단한 인기였다. 나는 학교를 마치면 매일 성당에 와서 배구 연습을 했다. 물론 우승한 적은 없었지만 그때 배운 배구 지식이 지금 장내 아나운서로 일하는 데 많은 도움이 되었다.

고등학교 때는 가수의 꿈을 키웠다. 이때가 가장 꿈이 생생했던 것 같다. 작곡은 할 줄 몰랐기에 수업시간에 선생님 몰래 노래 가사를 쓰면서 곡도 만들어 보곤 했다. 지금의 내가 되기까지의 출발점인 셈이다.

꿈을 이루고 싶다면 간절해야 한다. 그리고 이루어진 것처럼 행동해야 한다. 다른 사람이 미쳤다고 하더라도 그 사람이 내 인생을 대신 살아 주는 것은 아니다.

사람을 움직이는 것은 결국 의식 즉, 자기 암시다. 자신이 이루고 싶은 것을 얻기 위해 마음속으로 이미 이루었다고 강하게 믿는 것이다. 부정적인 생각이 머릿속을 지배하고 있다면 모든 것이 곱게 보이지 않는다. 반대로 아무리 어렵고 불가능해 보여도 의식적으로 '할 수 있다'를 외치면 결국 이루어진다.

자기계발 프로그램에서 빠지지 않는 것이 바로 버킷리스트다. 영화와 책의 단골 소재로도 유명한 만큼 한 번쯤은 적어 본 사람도 있을 것이다. 죽기 전에 자기가 하고 싶은 일을 적고 실천한 것은 하나씩 줄을 그으며 시간이 지나다 보면 어느 순간 목표로 했던 것이 이미 이루어진 것을 볼 수 있다. 참 놀라운 현상이다.

나는 20대 중반에 잠시 다단계에 빠졌었다. 생필품을 취급하는 회사였는데, 사실 제품의 질은 상당히 좋았다. 가격은 비교적 비싼 편이었지만 제품의 질이 가격을 상쇄하고도 남을 만큼 괜찮았다. 젊은 혈기에 부자가 되고 싶어 이것저것 욕심이 많던 시절이었다. 매주 목요일이면 세미나가 열렸는데, 성공을 원하는 사람이 홀이 터져 나가도록 가득 찼다. 다단계를 통해 성공한 사람들이 강사로 나와서 엄청난 동기부여를 주는 강의를 2시간 동안 했다. 듣고 있으면 당장이라도 성공할 것처럼 기운이 솟구쳤다. 그때 강사가 했던 말이 기억난다.

"자, 지금부터 자기가 꼭 원하는 것 3가지만 종이에 쓰세요. 그리고 집에 가져가서 앨범 속에 꽂아 두고 2년 뒤에 꺼내 보세요."

물론 다단계는 몇 달 못 가 그만뒀다. 어느 날 책상 정리를 하다가 문득 앨범을 펼쳤는데 종이 하나가 툭 떨어지는 것이었다. 무슨 종이인가 보니 그때 적어 둔 버킷리스트였다. 살며시 미소가 지어졌다. 종이 안에는 '차 구입하기', '결혼하기', '부채 다 갚기' 이렇게 적혀 있었다. 신기하게도 부채 갚는 것을 제외하고는 다 이루어졌다. 차는 멀리 강의를 다니기 위해 돈을 조금씩 모아서 내 인생 처음으로 직접 구입했고, 결혼은 소개팅 후 일 년 만에 했다. 이유야 어찌됐든 3가지 중 2가지가 이루어진 것이다. 이처럼 자기가 원하는 것을 이미 이뤄진 것처럼 생생하게 꿈꾸는 것은 정말 중요하다.

야구 선수들의 라커 룸에 가 보면 개인별 캐비닛이 진열되어 있다. 프라이버시가 중요한 만큼 평소 그 안을 구경하기가 쉽지 않은데 어느 날 우연히 선수들의 캐비닛 안을 볼 수 있는 기회가 생겼다. 그곳에는 애인이나 가족사진이 빠짐없이 붙어 있었다. 그리고 자신의 꿈이 담긴 메시지도 있었다. 선수들은 매일 경기 전 메시지를 되새기며 다짐한다고 한다. 승리와 성공을 바라는 그들의 진심이 간절하게 묻어나는 대목이다. 라커 룸은 편안한 휴식 공간인 동시에 도약을 준비하는 성공의 출발섬이라고 할 수 있다.

운동선수는 언제나 최선을 다해야 하고 최고의 모습만 기억되기 때문에 누구보다 외롭고 질타도 많이 받는다. 항상 승부의 세계에서 살다 보니 일반 사람들보다는 정신력이 뛰어난 편이다. 실

력의 차이도 있겠지만 강한 정신력이 선수의 성공 여부를 결정한
다. 숱한 위기 속에서도 그것을 극복하고 난 후에 쏟아지는 스포
트라이트를 상상하는 선수는 이미지 트레이닝을 잘하는 것이다.
반면 '난 안 돼', '결코 저 선수를 이길 수 없어'라는 패배의식으로
가득 찬 선수는 이미 진 것이나 다름없다.

　　야구장에서 선수와 팬들의 안전을 책임지는 경호요원들도 경
기 시작 전, '오늘 하루 아무 사고 없이 무사히 잘 마무리할 수 있
도록 도와주십시오'라고 항상 기도한다고 한다. 응원단도 마찬가
지다. 대기실에서 경기장으로 올라가기 전 서로 손을 모아 파이팅
을 외치며 출발한다.

　　나는 매주 일요일 성당에 가서 미사를 드린다. 하느님께 감사
를 드리는 기도와 더불어 앞으로 내가 하는 일이 더 잘되길 기도
한다. 만약 당신이 어떤 일을 성공적으로 이루고 싶다면 그것이
이미 이루어진 것처럼 상상하라. 그러면 어느새 그 꿈이 당신에게
다가와 있을 것이다.

08

스스로 최고라는
주문을 걸어라

내게 승리는 숨 쉬는 것 다음으로 중요하다.
숨 쉬고 있다면 승리해야 한다.

· 조지 스타인브레너 ·

　한국 프로 야구는 한 시즌 동안 팀당 144경기를 한다. 6개
월 동안 월요일을 제외하고는 매일 경기가 있다. 각 팀의 응원단
은 홈경기와 잠실 경기에 파견되어 응원을 주도한다. 플레이오프
에 진출한다고 가정하면 응원단의 경기 수는 110경기 정도 된다.
물론 팀마다 경기 수는 차이가 있다. 똑같은 패턴 속에 최상의 상
태, 최고의 모습을 보이는 것은 선수, 심판, 응원단장, 치어리더 등
의 공통된 고민이다.

　더운 여름에는 차가운 음식을 먹다 배탈이 나고, 추운 겨울에
는 감기에 걸리기 쉽다. 일 년 동안 건강 관리를 잘하는 것은 어

려운 일이다. 프로 야구 선수들도 보통 사람들처럼 몸 상태가 좋은 날도 있고 그렇지 않은 날도 있다. 물론 운동선수이므로 건강 관리 면에서는 차이가 있다. 최상의 컨디션을 위한 자신만의 루틴이 있다. 예를 들면 타자는 배트를 들고 매번 타석에 들어설 때마다 집중해야 하고, 투수는 타자가 공을 잘 치지 못하도록 매 순간 마운드에서 고독한 싸움을 한다. 체력 단련을 통해 최상의 몸 상태를 유지하는 것도 중요하지만 긴 시즌 동안 정신적인 부분을 잘 다스려야 최고의 선수가 될 수 있다.

내가 응원단장으로 활동할 당시, 경기 시작 30분 전이 되면 행하는 나만의 의식이 있었다. 바로 이미지 트레이닝이다. 경기의 승패는 선수들의 역량에 의해 결정되는 것이고, 응원단의 가장 큰 역할은 팬들에게 즐거움을 선사하고 재방문을 유도하는 것이다. 그래서 새로운 응원도 준비해야 하고, 재미있는 게임들도 개발해야 한다. 30분간 이미지 트레이닝을 통해 스스로에게 주문을 걸면 한결 몸도 가벼워지고 자신감도 상승하는 효과가 있다.

항상 승부와 경쟁 속에 살아가는 선수들이 받는 스트레스는 만만치 않다. 최고들이 모였다고 해서 매번 승리가 보장되지는 않는다. 준비를 많이 했다고 해서 좋은 결과만 있는 것도 아니다. 최고가 되기 위해서는 끊임없는 연습도 중요하지만 정신력이 강해야 한다.

2001년 프로 야구 올스타전 때의 일이다. 특별 이벤트로 구단별 응원 경연대회가 펼쳐졌다. 팀의 대표 선수들이 심사위원으로 참여했고, 1등 팀에게는 상금 200만 원을 내린다고 했다. 응원단장과 치어리더, 마스코트가 하나 되어 팀의 개성을 살린 댄스 퍼포먼스를 펼치는 대결이었다. 공연 시간은 약 5분 내외로 10명 정도의 응원단 멤버가 일심동체가 되어야 했다.

　　당시 응원단장을 처음 맡았던 나는 당연히 1등에 대한 욕심이 간절했고 의미가 남다른 대회였다. 경기가 끝나고 연습실에 모여 치어리더와 마스코트 멤버들과 새벽 늦게까지 연습했다. 누구는 다쳐서 울고, 누구는 힘들어서 울고, 누구는 몸이 뜻대로 되지 않아 울었다. 나는 팀의 리더로서 우는 사람들을 달랜다고 진이 빠졌다.

　　어느덧 경연대회의 날이 밝았다. 우리 팀이 준비한 공연이 잠실 야구장을 가득 메운 2만 7천여 명의 팬들의 마음을 사로잡을 수 있을지 걱정이었다. 치어리더 멤버 중 막내들은 이제 갓 스무 살이라 너무 긴장된 나머지 시작 전부터 울음이 그치질 않았다. 우리 팀 순서가 다가왔다. 무대로 뛰어나가려는 순간, 총괄 팀장님이 모두를 불러 모았다.

　　"얘들아, 그동안 힘들게 연습한 것 모두 잊고 이 순간을 즐겨라. 너희들은 최고다!"

　　가슴이 뭉클해졌다. 최고라는 말이 이렇게 용기를 북돋을 줄

이야…. 네 번째 순서였던 우리 팀은 멋지게 공연을 마쳤다. 나는 마지막으로 MC에게 개인기를 하고 싶다고 요청했다. 그러고는 심사위원이었던 이승엽 선수의 성대모사를 했다. 관중들의 웃는 소리가 멤버 모두의 마음을 녹였다. 심사 결과, 우리 팀이 1등을 차지했다. 팀원 모두가 부둥켜안고 울었다. 행복한 눈물이었다.

사람의 마음은 정신에 많은 영향을 받는다. 팀장님의 결정적인 말 한마디에 연습했던 모든 것을 쏟아낼 수 있었고 자신감으로 이어졌던 것이다. 요즘도 떨리고 긴장하는 순간을 맞이할 때면 의식처럼 나에게 주문을 건다. 생각의 차이는 엄청난 결과를 낳는다. 사람마다 느끼는 감정이 다르고 받아들이는 크기가 다르다. 삼성 라이온즈 야구단에서 일할 수 있게 된 것도 행운이었고, 이로 인해 내 인생이 달라진 것도 생각의 차이에서 비롯되었다.

선수들 역시 마찬가지다. 대한민국 프로 야구 역사상 최고의 타자라고 불리는 이승엽 선수와 같은 팀에서 뛰었던 선수들 중에서도 이승엽 선수를 감히 범접할 수 없는 존재라고만 여기는 후배들이 있는 반면, 이승엽 선수를 뛰어넘기 위한 생각과 행동을 가진 후배들이 있었다. 이들은 눈빛부터가 다르다. 결과는 당장 나타나지는 않지만 결국은 스타 선수와 슈퍼스타 선수로 나뉘는 큰 차이를 만든다.

인생을 산다는 것은 끊임없이 경쟁하는 것이다. 현재 처한 환경이나 앞으로 하고자 하는 일이 다른 사람 혹은 다른 것들과 비교될 수밖에 없는 것이 처절한 현실이다. 매년 우승을 위해 각 팀들은 서로 경쟁을 한다. 룸메이트인 선수들끼리도 결국은 넘어서야 될 선의의 경쟁 상대다. 선수뿐만 아니라 구단 직원들도 다른 팀보다 관중들이 많이 오도록 마케팅을 펼쳐야 하고, 치어리더들 사이에서도 실력이 떨어지거나 자신을 관리하지 않으면 팀원들 사이에서 도태될 수밖에 없다. 피할 수 없다면 받아들이고 경쟁과 승부를 즐겨야 한다.

최고가 되기 위한 시작은 누구나 똑같다. 그러나 닥쳐올 시련과 고통을 극복하는 과정은 다르다. 노력 여하에 따라 결과는 물론이고 펼쳐질 삶도 달라진다. '그래, 조금만 참자. 시간은 어차피 흘러간다'라고 생각하는 사람과 '나는 할 수 있다. 나는 이겨낸다. 나는 최고다'라고 생각하는 사람의 결과는 천양지차다.

이처럼 말을 함에 있어서도 스스로 강하게 의미를 부여해야 한다. 자신에게 관대할 때도 있어야 하지만 일만큼은 냉정과 열정을 반복해야 한다. 최고가 된다는 것이 결코 쉬운 일이 아니기 때문이다. 그래서 시작부터 나는 최고라는 주문을 걸어야 한다. KBS 〈개그콘서트〉에서 개그맨 박성광이 외치던 "1등만 기억하는 더러운 세상!"이라는 말을 기억하는가? 불공평한 세상을 탓하기 전에 스스로 1등을 위해 진지한 노력을 기울였는지 한번쯤 되새겨 봐야 할 것이다.

나는 오늘도
최고를 꿈꾼다

01

나는 야구장에서
인생을 배웠다

만약 야구가 없었다면,
난 교도소나 묘지에 있었을 것이다.

· 베이브 루스 ·

　휴대전화가 없던 초등학교 시절, 방과 후 친구들과 어울려 노는 것은 하루 중 가장 즐거운 시간이었다. 그중에서 야구 시합은 내가 제일 좋아하는 놀이이자 가장 자신 있는 종목이었다. 학교 앞 문방구에서 배트와 글러브를 구입한 뒤 쉬는 시간이면 복도에서 공 받기 연습을 하던 나의 꿈은 야구 선수였다.

　내가 야구 선수의 꿈을 품게 된 것은 주위 환경에 영향을 받은 부분이 크다. 당시 우리 집에서 야구장까지는 걸어서 20분이면 갈 수 있었다. 또 야구장 인근에 거주하던 야구 선수들도 자주 볼 수 있었다. 당연히 야구에 쉽게 노출될 수밖에 없는 환경 속에 성장해 온 것이다.

중학교에 입학해서도 나의 꿈은 변하지 않았다. 하지만 시간이 흐르고 여러 가지의 사정으로 인해 나는 야구 선수의 꿈을 포기하게 되었다. 결국 꿈은 이루지 못했지만 대학생 때 우연찮은 계기로 야구장에서 일을 하게 된 것이 지금의 나를 만들었다.

야구장 마스코트로 활동하면서 받은 첫 수입은 58만 원이었다. 태어나서 처음 받은 월급이었다. 고등학교 때 막노동은 몇 번 했지만, 어딘가에 소속되어 받은 돈은 처음인 만큼 내겐 의미 있는 돈이었다. 보통 첫 월급은 부모님께 드린다고 하지만, 아무리 기억을 더듬어 봐도 58만 원을 어디에 썼는지 기억나지 않는 걸로 봐서는 분명 부모님께 드리지 않은 것이 확실하다.

대학생이었던 나의 하루 일과는 오로지 야구장에 맞춰져 있었다. 야구장에 가는 시간에 맞춰 강의 시간표를 짜고 동아리 활동도 하며 캠퍼스의 낭만을 즐겼다. 이때가 내 인생에서 가장 열심히 살았던 시절이다. 고등학교 축제 때부터 남들 앞에서 댄스 공연을 했던 경험이 야구장에서 일하는 데 많은 도움이 되었다. 수많은 관중 앞에서도 별로 떨리지 않았다. 물론 마스코트 인형을 쓰고 있으니 내가 누구인지 모르는 탓에 자신감이 더 생겼던 것도 있다.

야구장 내에서 활동하다 보니 선수들과도 자연스럽게 친해질 수 있었다. 어떤 선수는 "인형 벗으니까 생각보다 잘생겼네. 나중에 밥 한 끼 해요."라며 같이 식사를 한 적도 있었다. 여러 사람을 알게 되고 소속감과 책임감을 느끼게 되면서 야구장에서의 모든 일들이 무척 재미있고 다음 날이 기대되었다. 만족스러운 일을 하면서 나의 존재 가치를 느끼게 해 준 야구장은 내 인생에 있어서 너무나도 고마운 존재다.

야구장은 세상의 축소판이다. 월요일을 제외하고 매일 경기가 펼쳐진다. 볼거리, 먹거리, 즐길 거리가 있으니 수많은 사람들로 북적인다. 대한민국 프로 스포츠 가운데 지역 연고가 제대로 정착된 것은 프로 야구가 유일하다. 그래서인지 팬들의 충성심도 대단하다. 지역성이 워낙 강하다 보니 야구 경기의 결과가 그 도시의 분위기나 마찬가지다. 요즘은 야구장이 여가 활동을 위한 최고의 문화공간이 되었다. 사람들은 마음껏 소리 지르고, 홈런에 환호하고, 자신의 팀이 승리하면 서로 부둥켜안고 기뻐한다. 이러한 모습들이 세상을 살아가는 즐거움이자 행복인 것이다.

야구는 9명이 하는 스포츠다. 그라운드에서 뛰는 선수들은 관중석에서 응원하는 팬들의 대리인이다. 이들의 플레이 하나하나가 팬들에게 희망을 주고 삶의 활력소가 된다. 주전 선수로 뛴다는 것은 야구 선수로서 성공했다는 증거이기도 하다. 숱한 노력 끝에 본인의 이름 석 자가 팬들에게 각인된 것이다. 팬들은 점점 성장해 가는 선수들을 보면서 또 다른 기운을 받고 자신도 할 수 있다는 자신감을 얻기도 한다.

야구 선수들이 정해진 규칙에 따라 공정하게 경기하도록 판정하는 심판들도 야구장에서 절대 빼놓을 수 없는 인물이다. 현재 프로 야구에서 활동하는 심판들은 대부분 전직 야구 선수 출신이다. 현역 선수들과 선후배 관계이고 각 구단과는 전 소속 팀 관계이기도 하다. 이런 조건에서 냉정한 심판으로서의 역할이 쉽지만은 않을 것이다. 자칫 애매한 판정이라도 내리게 되면 엄청난 비난과 야유가 돌아온다. 심판은 이것을 감내해야 할 숙명을 안고 경기에 임한다.

심판들도 야구 선수 못지않게 훈련을 한다. 샤우팅 연습은 기본이고 실제 경기에서 실수하지 않기 위한 실전 트레이닝을 끊임없이 한다. 심판도 인간이므로 실수를 하는 것은 당연하다. 하지만 실수를 최대한 줄이고 공정한 판정을 내리는 것이 이들의 몫이다. 심판들의 냉철한 모습을 보면서 '정의'라는 단어를 떠올려 본다. 어떠한 외압과 팬들의 야유에도 흔들리지 말아야 온전한 경기가 성립되기 때문이다.

치열한 승부에서 이기기 위한 방법은 여러 가지가 있다. 야구에서 펼쳐지는 수많은 작전들은 세상을 살아가는 데 필요한 요소들과 일맥상통한다. 빨리 성공하기 위해서는 함께하는 친구들을 도와주고 격려하는 것이 중요하다. 더불어 사는 세상인 만큼 혼자 가는 것보다 둘이 가는 것이 빠르다. 다른 이의 성공을 돕기 위해 많은 부분을 희생하기도 한다. 진심 어린 나의 희생이 앞으로 닥쳐올 미래에 훨씬 큰 성공을 가져다주기도 한다.

야구에서 주자를 다음 베이스로 진루시키기 위한 방법 중 희생번트가 있다. 말 그대로 내가 희생하면서 같은 팀 동료가 득점할 수 있게 도와주는 것이다. 희생번트의 목적은 나는 아웃이 되더라도 주자를 유리한 위치로 보내는 것이다. 팀 동료만 생각한다면 실패 확률이 적어진다. 하지만 주자도 살리고 나도 살려고 한다면 순간의 생각이 많아진다. 운 좋게 상대의 실수로 둘 다 살수도 있겠지만 오히려 모두 아웃되는 경우가 더 많다.

야구는 단체 스포츠다. 개인의 실수가 많아진다면 승리는 어려워진다. 개인 기록을 위한 역량 발휘도 중요하지만 최종 목표는 결국 우승이다. 팀이 승리하기 위해 팀원 전체가 능력을 발휘할 때 승리를 쟁취할 수 있다. 그래서 서로의 역량을 잘 발휘할 수 있도록 리더의 역할이 중요하다.

현존하는 스포츠 중에서 사람이 들어와야 점수가 나오는 종목은 야구뿐이다. 구기 종목 대부분이 공이 들어가야 점수가 발생하지만 야구는 사람이 들어와야 한다. 비슷한 종목이 있다면 미식축구인데 공과 사람이 동시에 들어와야 하니 해당되지 않는다. 사람이 만든 경기이면서 사람이 우선시되는 것이 바로 야구다. 집에서 출발해서 다시 집으로 돌아와야 이기는 게임이다. "집 나가면 개고생이다."라는 말이 가장 잘 어울리는 것 또한 야구다.

학생의 신분에서 벗어나 성인이 됨과 동시에 함께했던 야구장은 나의 추억과 인생의 모든 노하우가 담긴 곳이다. 험난한 세상에 공존하는 기쁨, 행복, 슬픔, 분노, 아쉬움, 희망 등 인간의 감정을 어떻게 다루는지 느끼고 배울 수 있었던 곳이 바로 야구장이다. 6개월간의 시즌이 끝나면 과거는 잊고 새로운 출발을 위한 담금질이 시작된다. 사는 게 재미없고 노력해도 안 되는 것 같다면 세상 속의 작은 세상, 야구장으로 오라. 거기에 정답이 있다.

02

운명은 만들어 가는 것이다

최선을 다하고, 그 나머지는 잊어라.

· 월터 앨스턴 ·

운명은 타고나는 것이 아니라 개척하는 것이다. 정해진 운명대로 사는 것이 아니라 주어진 환경에서 변화를 도모하는 것이 행복으로 가는 길이다. 전 세계적으로 성공한 사람들의 스토리를 보면 대부분 어릴 적 불우한 환경이었던 경우가 많다. 책을 읽는 독자들이나 성공 스토리 강연을 듣는 청중들도 불우한 환경을 극복하고 자수성가한 사람에게 더 열광한다. 어렵게 살아온 인생이 공감을 불러일으키고 강한 동기부여를 선사함으로써 자신도 할 수 있다는 희망을 갖는 것이다.

방송인 김제동은 1남 5녀의 막내로 태어났다. 그는 대구에서 전문대학교를 다니며 MC의 꿈을 키워 가던 중 MC계의 대부라 불리는 방우정 선생님을 만났다. 그때부터 그는 하루도 빠짐없이 방우정 선생님을 목숨 걸고 따라다녔다. 선생님의 모든 것을 따라 하고 배우며 빠르게 이벤트 MC로 성장했다. 물불 가리지 않고 열심히 하는 모습에 선생님도 제자가 예뻐 보일 수밖에 없었을 것이다.

그렇게 김제동은 어느 순간 대구와 경북을 평정하며 청출어람이라는 사자성어가 무색하지 않을 만큼 최고의 MC가 되었다. 그러한 위치에 올랐음에도 절대 겸손함을 잃지 않았고 우쭐대지도 않았다. 그리고 대학교 축제에서 가수 윤도현과의 만남으로 인해 엄청난 기회를 거머쥐었다. 모두가 안 된다고 반대했지만 정작 그는 자신의 재능을 믿고 세상에 정면으로 도전했다. 그 결과 그의 능력을 눈여겨본 방송국 관계자들에 의해 그는 공중파 방송까지 진출할 수 있었다.

대구, 경북에서 MC 일을 하는 것만으로도 김제동은 먹고사는 걱정을 하지 않아도 만큼 수입이 많았고 지역에서는 유명인이었다. 하지만 그는 눈앞의 돈보다 '나의 한계는 어디까지인가. 내가 과연 서울에서도 통할까'라는 의문을 갖고 스스로에 대한 도전을 선택했다. 대구와 서울을 오가는 힘든 상황 속에서도 절대로 자신을 의심하지 않았다. 오로지 실력 하나만으로 대한민국을 평정하고 김제동 신드롬을 일으키며 진짜 연예인이 된 것이다.

현재 그는 개그맨, 방송인의 영역을 넘어서 섭외 1순위 인기 강연가다. 이러한 김제동의 성공은 스승인 방우정 선생님께도 엄청난 영향을 끼쳤다. 선생님은 나이가 들어가면서 자연스럽게 행사도 줄어들고 수입도 예전 같지 않아 고민을 많이 하셨다고 한다.

당시 방우정 선생님께서는 "나는 계속 잘나갈 줄 알았다. 아무리 제동이가 잘해도 나의 밥벌이에는 전혀 문제가 없다고 생각했다."라고 하셨다. 그런데 현실은 그게 아니었다. 세상에 영원한 것은 없다는 것을 몸소 깨달은 선생님은 본인이 지금 엄청난 위기에 처했으며 당장 변화하지 않으면 '방우정'이란 이름 석 자는 곧 사라질 것임을 인지했다고 하셨다. 그때부터 선생님은 MC의 경험을 한껏 살려 유머 강사로 탈바꿈하셨다. 처음에는 시행착오도 많았지만 최고의 자리에 계셨던 만큼 인기 강사로 자리 잡는 데는 그리 오랜 시간이 걸리지 않았다. 더욱이 김제동의 스승으로 알려지면서 '김제동을 가르친 선생님인데 고민할 필요도 없지'라며 강연 담당자들이 믿고 섭외했다. 현재 선생님은 명성에 걸맞은 실력으로 대한민국 명강사에 이름을 올리며 전국을 누비면서 웃음을 전하고 계신다.

운명은 타고나는 것이 아니라 만들어 가는 것이다. 주어진 재능만 믿고 변화하지 않는다면 늘 제자리걸음일 것이다. 사람은 본래 익숙한 것을 좋아한다. 편하고 노력하지 않아도 되기 때문이다.

그러나 익숙함에 젖어 나태해지는 순간, 나보다 한 수 아래라고 생각했던 사람들에게 곧 따라잡히고 만다. 이것이 세상의 이치다. 현재에 만족하는 순간, 바로 도태되고 마는 것이다.

당신의 운명을 바꾸고 싶은가? 여러 가지 방법들 중 하나는 바로 유명해지는 것이다. 유명인은 연예인이나 스포츠 스타만을 칭하는 것이 아니다. 지금은 누구나 유명해질 수 있다. 다양한 SNS를 통해 어제까지 평범했던 사람이 다음 날 일약 스타가 되는 경우도 비일비재하다. 즉 나의 노력과 부지런함만 있으면 나를 알릴 수 있는 기회가 많아졌다는 이야기다.

하루 24시간 중 당신과 가장 오랜 시간을 함께하는 것은 가족도, 직장 동료도 아니다. 바로 스마트폰이다. 아침에 알람소리에 눈뜰 때부터 잠자리에 누워서까지 스마트폰을 손에서 놓지 않는다. 단순히 시간을 보내기 위함이 아니라 생각을 바꿔 좀더 창의적으로 이용한다면 당신도 유명인이 될 수 있다.

요즘은 차별화되고 독특한 것이 대중에게 인기 있다. 자신만의 재능을 잘 살려서 남들에게 전하는 메신저로서의 삶은 당신을 유명하게 만들어 줄 것이고 빠르게 성공을 이루게 해 줄 것이다. 이에 대해 더 자세히 알고 싶다면 010.4525.8943으로 문의해도 좋다. 스스로를 브랜딩하고 이를 통해 성공하는 비법을 알려 주겠다.

매월 지급되는 월급의 액수를 더 높이고 싶은가? 그렇다면 월급 외에 다른 수입을 한번 생각해 보자. 하루에 월급만큼의 수입이 생기고, 한 달에 억대의 수입을 벌고 싶다면 주어진 운명을 받아들이지 말고 변화된 삶으로 운명을 바꿔 나가야 한다.

03

지금 당장 시작하라

지금 이 순간, 나는 지구상에서 가장 운 좋은 사람이다.
· 루게릭 ·

나는 프로 강사이자 1인 기업가다. 시간을 자유롭게 활용하면서 하고 싶은 것을 한다. 월요일 아침, 출근 때문에 스트레스 받을 일도 없고, 밤늦게까지 친구들과 어울려 술을 마셔도 부담되지 않는다. 피곤하면 아침 늦게까지 실컷 자고 소파에 누워 리모컨 작동의 달인으로 변신해 시간을 보내기도 한다. 수입은 나를 필요로 하는 곳에서 주어진 시간만큼만 일하면 웬만한 직장인의 한 달 월급은 문제없다.

이렇게 살아온 지 20년이 지났다. 사회생활을 시작하며 아르바이트나 계약직으로 돈은 벌어 봤지만 정규직은 한 번도 해 본

적이 없다. 대학생 신분으로 학점에 목숨 걸고 공부한 적은 당연히 없을뿐더러 교수님께 잘 보이기 위한 그 어떤 퍼포먼스조차 하지 않았다. 오로지 좋아했던 춤을 추고 노래 연습을 하며 저녁에는 야구장에서 일하는 것이 가장 행복했다.

이렇게 행복한 순간들이 지금의 나를 만들었다. MC가 되기 위해 전국의 행사장을 돌아다녔고, 대학에서 학생들을 가르치고 싶어서 석·박사 학위를 받았다. 지금은 대한민국의 명강사로 인정받기 위해 강의가 있는 곳이라면 어디든지 달려가고 있다. 경쟁자들이 생겨나고 나보다 뛰어난 사람들이 많을수록 '김용일'이란 존재가 잊히는 것은 한순간이다. 특히 겨울 시즌이 시작되었을 때 농구와 배구 같은 겨울 스포츠와 관련된 일을 하지 않으면 거의 두 달 정도는 백수로 살아야 한다. 겨울에는 행사나 강의도 휴식기라고 할 수 있다. '개미와 베짱이' 이야기처럼 미리 겨울 준비를 해놓지 않으면 굶어 죽을지도 모르는 게 프리랜서의 삶이다. 나름대로의 방식으로 노력한 덕분에 큰 타격 없이 일 년 내내 바쁘게 살고 있다는 것은 참으로 감사한 일이다.

주어진 환경에 맞춰 순간순간 최선을 다하며 살았지만 늘 후회되는 것이 인생이나. 야구 선수의 꿈을 키웠지만 중학생이 되면서 포기했고, 고등학교 때는 배구 선수가 되고 싶어서 키를 키우고자 얼마나 많은 우유를 마셨는지 모른다. 하지만 대학 진학을 앞두고는 운동선수로서의 비전은 내게는 없다는 것을 빨리 깨우

쳤다. 그래도 가장 좋아했던 야구와 다시 조우하며 야구 관련 일을 시작한 것이 지금까지 이어져 왔다.

야구장에서 일하면서 수많은 사람을 만났고, 나를 알릴 수 있는 다양한 일들을 통해서 인지도도 생겼다. 한마디로 나를 브랜드화하면서 얻은 결과다. 그것을 토대로 MC와 강사 일을 하면서 내가 가진 것을 전하는 메신저로서의 삶을 살고 있는 것이다. 지금이 가장 행복하고 좋은 시기다.

만약 내가 야구 선수가 되었더라면 야구만 했어야 했을 것이고, 배구 선수였더라면 배구에 올인해야 했을 것이다. 지금처럼 전국 곳곳을 다니며 누리는 이런 영광은 없었을 것이다.

"MC님 덕분에 오늘 행사 너무 즐거웠어요. 다음 행사 때도 꼭 와 주세요."

"강사님! 오늘 강의 너무 재미있고 유익했습니다. 꼭 실천하도록 하겠습니다."

이런 격려가 힘이 되고 삶의 보람을 느끼게 한다. 내게 주어진 시간이 가장 소중한 것을 알기에 행사에 참여하고 강의를 듣는 사람이 선택한 나는 최고의 모습을 보여야 한다. 지금의 만족보다는 더 큰 미래를 꿈꾸면서 또 다른 만족을 찾아 나는 오늘도 달리고 있다. 어려움을 극복해야 성장할 수 있고 그것이 얼마나 소중한지 몸소 느끼는 중이다. 인생을 살아가는 노하우는 스스로 터득해야 한다. 내가 가질 수 없는 것에 목매지 말고 주어진 것에 만족하고 그것을 즐기는 것이 진정한 행복이다. 행복의 시간은 정해지지도 않았고 어디에 있는지도 모른다. 바로 '지금'이 최고의 시기인 것이다.

어느덧 나도 40대가 되었다. 마음은 여전히 10대라고 생각해 보지만 몸이 예전처럼 쉽게 따라 주지 않는다. 과음한 다음 날에는 숙취가 해소되는 시간도 오래 걸리고, 운동을 조금 과하게 하고 나면 다음 날 온몸을 가눌 수 없을 만큼 힘들다. 이러한 나 자신을 아직까지는 받아들일 준비가 되지 않았다. 언제나 청춘으로 살고 싶은데 주위에는 내가 형님이라고 부르는 사람보다 나를 형님이라고 부르는 동생들이 훨씬 많아졌다.

시간은 절대 거짓말하지 않는다. 누구에게나 똑같은 기회를 부여한다. 지금 당신의 모습은 이제껏 살아온 것에 대한 결과물이다. 원망하고자 한다면 스스로를 질책하라. 흔히 어른들께서 말씀하시기를 "세월은 참 빠르다. 절대 기다려 주지 않는다."라고 했던 것이 이제야 가슴에 와닿는다. 인생이 흘러가는 속도는 나이와 비례한다. 10대는 10km 속도로 가기 때문에 공부하는 것이 지루하게만 느껴지는 것이고, 40대는 40km의 속도로 가기 때문에 주위를 둘러보며 여유를 부리다가는 영영 돌이킬 수 없을 만큼 힘들어지는 것이다. 그만큼 주어진 자신만의 시간을 잘 활용해야 한다.

하고 싶은 것이 있다면 지금 당장 시작해야 한다. 머릿속에 있는 것은 내 것이 아니다. 망상일 뿐이다. 생각만 하고 행동하지 않는다면 너무 아깝지 않은가? 목표한 바를 이루고 싶은데 조건이 다 갖추어진 상태에서 시작하는 것은 영원히 할 수 없는 것이다. 그것을 이루는 시간은 바로 지금이다. 더 이상 지체하지 말고 행동하라.

예를 들어 당신이 강의를 잘하고 싶어서 스피치학원을 다니기로 했다고 가정하자. 하지만 당장 강의 준비를 하고 빠른 시간 안에 강단에 설 수 있는 기회가 있는지 파악하는 것이 강사가 되는 지름길이다. 어떤 일이든 실전에 임하는 것이 가장 빠른 길이다. 완벽한 상태에서 시작할 수 있는 것은 아무것도 없다. 지금 이 순간이 시작하기에 가장 좋은 시기다. 준비만 하다가 허송세월 다 보내고 "예전에 내가 그랬는데."라며 술안주 거리로 만들지 마라. 당장 디데이를 정하고 무엇이든 시작하라. 분명 당신의 모습은 달라져 있을 것이다.

나는 귀도 얇고 즉흥적이다. 이러한 성격으로 낭패를 본 경우도 있지만 빠른 결단으로 인해 성과를 올린 적이 더 많다. 자기계발을 위한 투자는 고민하지 않고 비용도 아끼지 않는다. 이런 내 모습을 보면서 아내 역시 배우고자 하는 것은 꼭 하고야 마는 스타일로 바뀌었다. 나중에 후회해 봐야 소용없기 때문이다.

요즘은 할 수 있는 일도 많고 누릴 수 있는 것도 헤아릴 수 없이 많은 세상이다. 이 모든 것을 할 수 있는 시간은 바로 '지금'이다. 절대로 지금보다 더 좋은 시기는 오지 않는다.

04

꿈을 이룰 시간은 충분하다

야구는 어떤 사람이 10번의 기회 중에서 3번만 성공할 수 있다면,
좋은 활약을 펼쳤다고 인정받는 유일한 땀이 배어 있는 야외 경기다.

· 테드 윌리엄스 ·

난 난 꿈이 있었죠.

버려지고 찢겨 남루하여도

내 가슴 깊숙이 보물과 같이 간직했던 꿈.

(중략)

그래요 난 난 꿈이 있어요.

그 꿈을 믿어요. 나를 지켜봐요.

저 차갑게 서 있는 운명이란 벽 앞에

당당히 마주칠 수 있어요.

♬ 카니발 〈거위의 꿈〉

가수 카니발의 〈거위의 꿈〉의 가사다. '꿈'이라는 글자가 주는 힘은 그야말로 대단하다. 꿈이 있기에 우리가 살고 있는 것이고 꿈을 이루고자 노력하기 때문에 삶의 의욕이 생기는 것이다.

어릴 적 학교에서는 장차 무엇이 되고 싶은지 써 오라는 숙제를 많이 냈었다.

"너희가 자라서 되고 싶은 것은 뭐지? 10가지씩 생각해서 내일까지 써 오세요."

그 시절 아이들의 꿈은 대통령, 의사, 경찰, 야구 선수 등 초등학생 수준에서 알고 있는 직업들이고 대부분 비슷하다.

그렇다면 지금의 내 위치에서 무엇을 꿈꾸고 있는지 다시 한번 생각해 볼 필요가 있다. 매일 반복되는 24시간의 일상 속에서 똑같은 생활을 죽을 때까지 계속한다면 인생이 불쌍하고 허무하지 않을까?

프로 야구 선수라고해서 모두 스타가 되는 것은 아니다. 고등학교와 대학교 때의 성적이 프로까지 이어지면 좋겠지만 그렇지 않은 경우가 더 많다. 승부의 세계는 잘하는 사람만이 살아남는다. 아무리 팀 내에서 사이가 좋고 룸메이트라지만 결국은 경쟁자인 것이다. 우리 팀 선수도 경쟁자이고 다른 팀 선수 또한 마찬가지다. 이들과의 경쟁에서 모두 이겨야 한다. 실력은 당연히 기본이고 쉽게 오지 않는 기회를 잘 살려서 자신의 진가를 보여 줘야 한다. 팬들은 성공한 선수들만 기억하는 데 익숙하다. 그야말로 꿈을 이루기 위한 처절한 싸움이다.

전 넥센 히어로즈 감독이었고 지금은 SK 와이번스의 단장인 염경엽 전 감독은 선수 때는 빛을 보지 못했지만 감독으로선 손꼽힐 만한 지략가로 인정받았다. 일찌감치 선수생활을 정리하고 전력분석관, 구단 프런트, 스카우트 팀장, 작전 코치, 그리고 남자가 태어나 꼭 해 봐야 할 직업 가운데 하나인 프로 야구 감독까지 그야말로 성공 신화를 쓴 케이스다.

외모에서도 알 수 있듯이 눈빛이 살아 있고 엄청난 노력을 통해 자신만의 야구철학을 완성시켰다. 그의 능력을 한눈에 알아보고 감독으로 선임한 넥센 히어로즈는 염경엽 감독 재임 동안 최고의 성적을 일구었다.

이처럼 처음 시도했던 것이 뜻대로 되지 않았다고 해서 모든 것이 끝난 것은 아니다. 얼마나 마음가짐을 달리 하느냐에 따라 또 다른 기회가 주어지고 그 기회를 얻는 것 자체도 대단한 노력에 기인한 것이다. 너 나 할 것 없이 누구에게나 꿈을 이룰 시간은 충분하다. 단지, 꿈을 이루고자 하는 의지가 약하고 두려움이 먼저 앞서 주저하는 것이다. 실패했을 때에 대한 생각이 꿈을 지배하는 것이다.

나는 한 학기 수업을 마무리하는 기말고사 문제로 '나만의 인생 로드맵'을 설정하라는 문항을 항상 출제한다. 현재까지의 자신의 모습을 되돌아보고 성공자의 모습을 상상하며 앞으로 다가올 미래를 꼼꼼히 글로 적어 보는 것이다. 학생들의 답안지를 검토하면서 과연 '나는 지금 어디로 가고 있는가?'라는 생각을 많이 한다. '남들에게 영향력을 전하는 메신저가 되자'라는 나의 사명감은 말로서만 가슴에 새겼을 뿐, 실제로 학생들을 통해서 더 많이 깨닫고 배우게 된다.

의술이 발전함에 따라 평균 수명은 여든 살 이상으로 늘어났다. 이제껏 살아온 만큼 더 살아야 한다. 그것도 혼자가 아닌 가족 혹은 다른 사람들과 함께 말이다. 글로벌 시대에 살고 있는 우리는 일본과 중국이 하루 생활권에 속할 정도로 이동하기도 편해졌다. 뿐만 아니라 해외여행은 물론이고 다양한 것을 체험하고 즐길 거리가 너무나도 많다. 언제까지 TV를 통해 구경꾼 역할만 하는 들러리 인생을 살 것인가? 그래서는 절대 안 된다. 다시 시작하는 마음으로 자신과의 대화를 한번 해 보자.

지금 당신에게 꿈을 이룰 시간은 충분하다. 아침에 일어나 부랴부랴 출근하는 시간부터 바꾸어 보자. 한 시간이라도 일찍 일어나 여유를 가지며 나를 위해 무엇이라도 해 보자. 예전 연애할 때처럼 가슴 뛰는 순간을 경험해 보자. 목표가 있다면 분명 삶 자체가 달라진다. 내가 변화된 모습이 남들에게도 영향을 끼치는 것이다. 이제껏 포기하고 체념하고 있었다면 훌훌 털고 일어나서 책이라도 펼쳐라. 시간은 절대 기다려 주지 않는다. 하지만 시작만

한다면 시간은 나의 편에 서서 힘을 북돋아 줄 것이다.

하버드 대학 도서관에는 이런 문구가 붙어 있다고 한다.

"지금 잠을 자면 꿈을 꾸지만, 잠을 자지 않으면 꿈을 이룰 수 있다."

가수 비도 연습생 시절 힘들었을 때 이 문구를 떠올리며 이겨 냈다고 한다. 그 결과 그는 세계적으로 인정받는 가수가 되었다. 꿈을 이룬 것이다.

이 책을 읽고 있는 당신도 지금 자신의 꿈을 다시 한번 그려 보라. 꿈을 이룰 시간은 아직 충분하다. 그리고 이제는 나를 위한 시간을 많이 가지도록 노력하자.

05

최고라고 생각해야
최고가 될 수 있다

승리하면 조금 배울 수 있지만,
패배하면 모든 것을 배울 수 있다.

· 크리스티 매튜슨 ·

2017년 10월 3일, 대한민국 국민 타자 이승엽 선수의 은퇴 경기가 있는 날이었다. 언제나 홈런포를 영원히 날려 줄 것만 같았던 그의 선수로서 마지막 경기였다. 이승엽이 누구인가? 결정적인 순간마다 홈런을 날리며 해결사 역할을 한 국민적 영웅이다. 드라마틱한 경기의 주인공은 항상 그의 몫이었다. 선배들이 가장 배우고 싶어 하는 후배였고, 후배들이 가상 존경하는 선배였다. 아울러 같은 팀에서 가장 함께 뛰고 싶은 선수도 이승엽이었다.

메이저리그 출신의 아시아 최다승 투수였던 박찬호 선수나 현역 메이저리거인 추신수 선수처럼 해외에서 국위선양 하는 선수

도 있지만 우리 곁에서 한결같은 모습으로 명성을 떨쳤던 이승엽 선수에게 더욱 열광하는 것은 최고가 되기 위한 그동안의 과정이 큰 공감을 얻었기 때문이다.

이승엽 선수의 마지막 경기를 보고자 수많은 팬들이 몰렸다. 입장권은 인터넷 예매 개시 직후 1분도 안 되어 매진되었다. 삼성 라이온즈의 경기였지만 타 구단 팬들도 영웅을 떠나보내는 마지막 경기를 함께하고자 관중석에 상당수를 차지했다. 삼성 선수단 전원은 모두 이승엽 선수의 백넘버인 36번 유니폼을 착용하고 경기에 임했다.

이날 하루만큼은 이승엽을 위한 경기, 그를 위한 이벤트, 이승엽과 함께했던 모든 것을 추억하는 아주 특별한 날이었다. 야구장을 찾은 팬들도 각양각색의 이승엽 유니폼을 착용했고, 아시아 홈런 신기록 때 유행했던 잠자리채를 비롯해 이승엽 선수와 과련된 응원도구를 들고 함께 응원했다.

삼성 라이온즈 김한수 감독도 그를 위한 최선의 배려로 선수 시절 가장 많이 타석에 들어섰던 3번 타순에 배치했고 1루수로 출전시켰다. 이렇게 시작된 은퇴 경기에서 이승엽 선수는 진정한 슈퍼스타란 어떤 것인지 정확히 보여 주었다. 첫 타석과 두 번째 타석 모두 홈런을 친 것이다. 트레이드 마크인 홈런을 확실히 팬들 마음속에 각인시키고 '이승엽' 하면 홈런이라는 공식을 다시 한 번 새겨 주었다. 이런 그를 떠나보낸다는 것이 팬들의 입장에서는 아쉬울 따름이었다. 이승엽 선수는 아직까지 충분한 실력으로 후배들과 경생하며 야구를 할 수 있지만 자신이 약속한 대로 최고의 자리에 있을 때 물러나는 것을 선택했다. 그것이 후배들을 위한 최고의 대접이었다.

경기 종료 후 진행된 은퇴식은 깊은 감동과 진한 추억을 팬들에게 선사했다. 정상의 자리를 지키기 위해 처절했던 과거를 회상할 때는 모두가 눈물을 흘렸다. 이승엽 선수의 응원가를 목이 터져라 부르고 홈런을 연호하는 팬들의 간절한 소원을 이루어 주던 그는 이 시내의 진정한 해결사였다. 은뢰식 사회를 보던 설진 심 제동도 이승엽 선수에 대한 최고의 예우를 갖추고자 본인은 절대 부각되지 않으려는 모습이 역력했다. 모든 스포트라이트를 이승엽 선수에게만 향하도록 한 것이다. 이런 두 사람의 모습을 보며

'최고는 역시 최고를 알아본다'라는 말이 저절로 떠올랐다.

2층 구석자리에서 은퇴식을 지켜보며 내가 만든 응원가들과 응원구호가 나올 때는 나도 모르게 눈물이 흘러내렸다. 팬들과 함께 응원가를 부르며 그를 응원하던 순간이 스쳐 지나가면서 더 이상 함께할 수 없다는 사실이 안타까웠다. 이렇게 우리는 영웅을 떠나보냈다. 야구 선수 이승엽에서 이제는 인간 이승엽으로서 제2의 인생 역시 홈런을 쳤으면 한다.

최고의 자리에 오르는 것은 결코 쉬운 일이 아니다. 한 분야에서 고수가 된다는 것은 스스로가 잘한다고 느끼는 것이 아니라 남들이 "저 친구 진짜 잘하네."라고 인정할 때다.

"진정한 노력은 결코 배신하지 않는다. 평범한 노력은 노력이 아니다."

이승엽 선수가 스스로에게 다짐했던 약속이다. 수없이 반복되는 훈련을 극복하며 버텨냈던 것도 자신과의 약속을 지키고자 잠재의식 속에 각인시켰던 것이다. 결국 그를 최고로 만든 것은 남들에게 부끄럽지 않기 위해 자신에게 다짐한 스스로의 약속이었던 것이다.

"나는 왜 안 되지? 정말 열심히 했는데. 난 뭘 해도 안 되는 사람인가 봐."

무슨 일을 함에 있어 금세 포기하고 체념하는 사람은 다시 한 번 자신을 되돌아보자. 지금 내가 최선의 노력을 다하고 있는지 살펴볼 필요가 있다. 최고가 되기 위해서는 그 분야에서 최고의 성과를 올리고 있는 사람을 만나야 하고, 부자가 되고 싶다면 부자들이 있는 곳으로 가야 한다. 부자들의 행동, 생활습관, 만나는 사람, 생활 방식 등을 지켜보면 보통 사람과 어떤 차이가 있는지 느낄 수 있을 것이다. 그것을 보는 것만으로도 변화의 시작점에 선 것이다. 정말 간절하다면 반드시 방법은 있기 마련이다.

나는 프로 강사이자 1인 기업가로 살아왔지만 늘 부족함을 느꼈다. 힝싱 바빴지민 그민큼의 성과로 나타나지 않을뿐더러 지금의 수입이 계속 유지되리라는 보장도 없었기 때문이다. 불투명한 미래가 걱정된 내가 선택한 방법은 바로 독서였다. 나는 화장실에 갈 때도 책을 들고 갈 정도로 책과 친해졌다. 힘들고 지칠 때도 책을 펼쳤다. 2만 원도 안 되는 돈으로 다양한 지식과 작가들의 철학을 배울 수 있는 것은 책이 유일하다. 저렴하게 자기계발을 할 수 있는 책을 가까이 하자. 그 속에 바로 비법이 숨어 있다.

수많은 책들 중에서도 김태광 작가의 《나는 직장에 다니면서 1인 창업을 시작했다》라는 책 한 권이 나에게 미래의 길을 제시해 주었다. 지금 내가 하고 분야와 가장 비슷하고 성공한 과정이 고스란히 책에 담겨 있었기 때문이다. 태어나서 '책 한 권은 꼭 써 봐야지'라는 생각은 누구나 한 번쯤은 해 봤을 것이다. 나는 책 쓰기를 통해 1인 기업가로 성공한 김태광 작가를 직접 만나야겠다는 생각에 책을 읽은 지 일주일 만에 그를 찾아갔다. 현재 〈한책협〉의 대표 코치로 활동 중인 그는 무려 200여 권에 달하는 책을 쓰고 수많은 사람들을 작가로 만들었다. 지금은 책 쓰기 코치뿐만 아니라 성공학을 가르치는 진정한 메신저로서 사람들의 꿈을 실현시켜 주고 있다. 김태광 작가를 처음 만났을 때 내 이야기를 들은 그가 말했다.

"용일 씨가 살아온 삶의 에피소드는 상당히 독특한 소재입니다. 책을 써서 자신을 브랜딩하면 지금보다 수입이 훨씬 많아질 겁니다. 또 하나는 책 쓰는 것만으로 끝내지 말고 용일 씨가 가지고 있는 재능을 남을 위해 사용하세요. 그것이 메신저의 길입니다. 마지막으로 용일 씨가 꿈을 이루면 누군가의 또 다른 꿈이 된다는 것을 기억하세요."

그의 이야기를 듣고 엄청난 충격을 받음과 동시에 내 인생에 한 줄기 빛이 보이기 시작했다. 나는 자기계발하는 데 돈을 아끼지 않는다. 배우고자 한다면 물불 가리지 않는 성격이다. 나의 꿈은 유명한 사람이 되어서 세상 사람들에게 영향력을 발휘하는 메신저가 되는 것이다. 최고가 되려면 반드시 최고에게 배워야 한다. 나이가 들어 노인이 된 후 성공하면 인생을 제대로 즐길 수 없다. 한 살이라도 젊을 때 시간과 경제적 자유를 누리며 꿈꾸던 삶을 살아야 한다.

빨리 가고자 한다면 내 분야의 고수를 만나야 한다. 그가 살아온 노하우를 배우고 따라가는 것이 성공으로 가는 가장 빠른 길이다.

06

죽기 살기로 덤벼라

배팅은 타이밍이고 피칭은 타이밍을 흐트려 놓는 것이다.

· 워렌 스판 ·

〈인생은 60부터〉라는 노래 제목처럼 요즘 예순 살은 예전처럼 많은 나이가 아니다. 나의 아버지는 일흔의 나이에도 친구분들과 어울려 이틀에 한 번꼴로 족구를 하신다. 주량은 아직도 내가 한 번도 이긴 적이 없다. 나이는 숫자에 불과하다. 오늘이 제일 젊은 날이다. 만약 현재 무엇을 배우고자 한다면 계획을 세우고 당장 시작해 보자.

야구계의 속설 중 'DTD'라는 말이 있다. 이것은 'Down Team is Down'의 약자로, 내려갈 팀은 결국 내려간다는 뜻이다. 우리나라 야구는 6개월 동안 팀당 144경기를 치른다. 항상 하위권에 있던 팀이 시즌 초반 성적이 좋다고 끝까지 유지되는 것은 아님을 빗대어 표현한 것이다. 그만큼 한 시즌을 치르는 데는 선수 개인뿐만 아니라 팀 전체의 컨디션이 중요하다. 또한 선수단 관리 및 전략이 치밀해야만 좋은 성적으로 경기를 마무리할 수 있다. 하위권 팀들이 후반으로 갈수록 처지는 것은 실력 때문이기도 하지만, 패배에 대한 익숙함과 그동안 좋지 않은 성적에 대한 트라우마가 그들을 머릿속을 지배하기 때문이다. 흔히 일이 잘 안 풀리는 사람을 빗대어 "안 될 놈은 뭘 해도 안 된다."라고 하는 것과 일맥상통한다.

이와는 반대로 'UTU'라는 말이 있다. 이것은 'Up Team is Up'의 약자로, 올라갈 팀은 결국 올라간다는 뜻이다. DTD와 반대되는 개념이다. 야구 선수 중에서 누구나 알 만한 스타선수들도 시즌 초반에 부진한 경우가 많다. 특히 FA 대형 계약을 체결한 후에 자주 나타나는 현상이다.

"우와, 저 선수 완전 먹튀네. 실력이 저것밖에 안 되는데 그 많은 돈을 들여서 데리고 오다니. 차라리 팬들을 위해 사용하지. 이세 무슨 경우야?"

야구팬이라면 누구나 한 번쯤은 이런 소리를 한 적이 있을 것이다. 미안하지만 나 역시 선수들에게 그랬었다. 하지만 스타 선수는 시즌 중반이 지날 때쯤 원래의 자기 모습으로 돌아온다. 결국 시즌 종료 후 "역시 자기 몸값은 하네. 그러니까 스타지."라는 말이 나오게 된다. 스타 선수는 시즌이 길다는 것을 잘 알고 있고, 컨디션은 어떻게 조절해야 하며, 초반에 부진해도 시즌이 아직 끝나지 않았다는 여유가 있다. 반면 신인 선수가 초반의 엄청난 성적으로 언론을 장식하다가 후반으로 갈수록 시들해지는 이유는 바로 경험의 부족 때문이다.

이승엽 선수도 일본 생활을 정리하고 삼성 라이온즈에 왔을 때 그런 경험을 했다. 팬들은 20대 때의 이승엽과 30대 후반의 이승엽이 똑같을 거라고 기대했다. 그러나 홈런 개수가 줄고 성적도 부진하자 이렇게 말했다.

"아이고, 승엽이도 이제 다 됐는 갑다. 야구 참 어려운기라!"

삼성 팬들은 특히나 더 아쉬워했다. 이승엽이 대구의 상징이라는 것에 엄청난 자부심을 가지고 있었기 때문이다. 이러한 굴욕을 극복하기 위해 이승엽 선수는 인생의 승부수를 던진다. 처음부터 시작하는 신인의 마음가짐으로 신발 끈을 조여 매고 뛰고 또 뛰었다. 마침내 시즌 종료 후, 이승엽 선수가 전성기 못지않은 실력으로 좋은 성적을 내자 팬들은 다시 이렇게 말했다.

"역시 이승엽이 아이가! 승엽이 없으면 무슨 재미로 야구 보노."

내 나이 스물두 살, 군대에서 4개월간 해병대 수색 교육을 받을 때의 일화다. 1개월간의 지상훈련을 마치고 2개월 동안의 수상

훈련을 위해 강화도로 이동했다. 해병대 수색교육을 이수하지 못하면 다른 부대로 전출을 가야 한다. 아무리 병장이라도 교육을 제대로 이수하지 못하면 예외가 없는 곳이 바로 해병대 특수수색대다.

모든 훈련이 다 힘들지만 특히 수영은 엄청난 체력을 요구했다. 하루에 8km를 수영해야 했다. 좀 더 쉽게 말하면 아침에 수영 훈련장인 28m 깊이의 길정 저수지에 도착하면 몸풀이 체조 후 바로 입수한다. 그때부터 점심밥 차가 올 때까지 수영을 한다. 점심 먹고 30분 취침 후 오후에도 똑같은 스케줄이다. 그렇게 8주간 훈련한다. 수영 훈련 중에는 여러 가지 미션이 있다. 잠영 테스트, 숨 오래 참기, 수중결색 등의 모든 과정을 다 통과해야 한다. 나는 숨 오래 참기 테스트 때 너무 애를 먹어 아직까지 잊히지가 않는다.

6명이 한 조로 서서 교관의 휘슬 소리와 함께 물에 들어간다. 통과 기준 시간은 1분 45초다. 말이 쉽지, 세상에 그렇게 시간이 느리게 가는 건 처음 경험해 봤다. 통과를 못하면 통과할 때까지 계속하면 되지만 그게 문제가 아니었다. 한 번씩 실패할 때마다 엄청난 고통이 뒤따른다는 사실을 알면 이것이 얼마나 무서운지 실감하게 된다.

1차 시도에서 나는 19초 만에 튀어나왔다.

"야, 김용일! 손바닥 내!"

"25번 교육생 김용일!"

교관이 오리발로 내 손바닥을 열 대 내리쳤다. 정신력 강화와 안전사고를 위해서 필요한 조치였다. 일단 맞고 나니 정신은 번쩍 드는데 손을 사용할 수 없을 만큼 고통스러웠다. 10분 후, 2차 시도 순서가 왔다. 이미 겁을 잔뜩 먹은 상황이라 나는 자신감을 완전히 상실했다. 이번 기록은 38초로 역시 실패였다. 교관이 바로 달려와 소리쳤다.

"좀 전에 손바닥 맞았으니 이번엔 발바닥 올려!"

발바닥을 오리발로 맞아 봤는가? 안 맞아 봤으면 말을 하지 마시라. 발바닥이 그렇게 따뜻한 적은 태어나 처음이었다. 나는 점점 더 위축되고 겁이 났다. 10분 후, 3차 시도 순서가 왔다. 역시 자신이 없었다. 너무 두려웠다. 물도 두려웠지만 세상에서 오리발이 이렇게 두려운 것이라는 걸 처음 알았다. 이번 기록은 51초였다. 점점 나아졌지만 통과 기록에는 아직 한참 못 미쳤다.

교관은 내가 물속에서 튀어나오자마자 면회하듯이 데리고 나를 데리고 갔다.

"손이냐, 발이냐. 어디 맞을래?"

이미 나는 두려움에 덜덜 떨고 있었다. 그러자 교관이 말했다.

"배 내밀어!"

"배요? 아, 아닙니다!"

배를 오리발로 맞아 본 적 있는가? 없으면 세상에 감사하자. 손과 발을 맞을 때와는 차원이 다르다. 그냥 아프다는 말조차 잊어버리게 하는 고통이다. 그런데 신기하게도 점점 오기가 생겼다. 뚜껑이 열려 버린 것이다. 맞을 만큼 맞았으니 이젠 죽기밖에 더 하겠나 하며 갑자기 엄청난 자신감이 솟아올랐다.

4차 입수 후 물속에서 노래 한 곡을 완창했다. 노래를 다 부르고 나오는 순간, 훈련생 모두가 소리쳤다.

"우와, 2분 47초! 용일이가 전체 1등이다!"

갑자기 축제 분위기가 되었다. 교관들과 교육생들 모두 하나되어 기뻐했다. 그야말로 인간 승리였다. 나는 이 훈련을 통해 '하면 된다'라는 말이 사실이라는 것을 느꼈다. 어떤 일을 간절히 바라고 이루고 싶다면 후회 없이 될 때까지 노력해 보자. 그러면 반드시 이루어지기 마련이다.

07

누구에게나 처음이 있다

어디로 가고 있는지 모른다면
당신은 결국 가고 싶지 않은 곳으로 가게 된다.

· 요기 베라 ·

"야, 뭐해? 들이대~ 빨리 들이대~"

가수 김흥국 씨의 유행어 '들이대'는 웃음을 유발하기 위해 막 던지는 말처럼 들리지만 한편으로는 '무엇이든지 걱정 말고 일단은 도전해!'라는 메시지도 담고 있다. 앞뒤 물불 안 가리고 무엇이든지 행동으로 옮기는 스타일의 사람이 있다. 좌충우돌이라는 표현이 딱 맞는 사람들이다. 막무가내일 수도 있지만 직접 몸으로 부딪쳐 보면 결과야 어찌됐든 후회는 줄어든다.

세상만사 모든 고민을 짊어지고 사는 사람들이 있다. 대표적인 사람이 바로 '나'다. '이번 달 돈 나갈 일이 많은 데 어떡하지?', '무대에 설 때 입을 옷이 없는데 살까?', '오늘 일 마치고 집에 갈까? 아니면 술 한잔 할까?' 등등 아침부터 쓸데없는 고민을 하느라 생각이 많다. 이런 걱정들은 사실 중요하지도 않을뿐더러 저녁이 되면 걱정을 했는지도 기억하지 못한다. 걱정하는 일의 96%는 실제로 일어나지 않는다고 한다. 즉 별로 중요치도 않은 일인데 스스로 걱정을 키우는 꼴이다. 큰일을 하기 위해서 사소한 것은 버릴 줄 알아야 한다. 별일 아니고 당장 중요하지 않은 것은 여유 있을 때 하면 된다.

나는 지금 이 글을 쓰기 위해 새벽 3시에 일어나 책상에 앉았지만, 첫 문장을 쓰기까지는 3시간이 걸렸다. 컴퓨터를 켜고 바로 글쓰기에 돌입하면 되는데, 인터넷 검색도 하고 다이어리도 정리한다고 아까운 새벽 시간을 흘려보냈다. 전형적인 일 못하는 사람들의 행동이다. 반면 자신에게 가장 중요하고 최대한 빨리 끝내야 되는 일이라면 만사 제쳐 두고 그 일을 먼저 하는 사람이 있다. 이런 사람들이 일 잘하는 사람이다. 일의 능률과 눈에 보이는 성과는 자신을 더욱 발전시키는 밑거름이 된다. 인생의 시계는 하염없이 흘러가고 있다. 내 인생 시계의 주인공은 바로 '나'다.

시행착오는 발전하기 위한 전제조건이다. 수많은 실수는 성공하기 위한 예행연습이다. 절대 두려워 말고 부딪쳐라. 지금의 실수가 다음에는 자신의 강점으로 작용할 것이다. 나는 제동이 형을 따라다니며 MC 일을 배울 때 기교뿐만 아니라 인생에 대해서도 배웠다. 어떠한 상황에서도 유연하게 대처하는 제동이 형의 능력은 입을 딱 벌어지게 만든다. 아주 간단한 게임도 시간을 적절히 배분하며 모든 관객들로 하여금 빠져들게 만들어 버리는 능력은 타의 추종을 불허한다. 제동이 형도 자기에게 특화된 스타일이 있다. 무작정 똑같이 따라 하고 외운다고 똑같아지는 것은 아니다. 나만의 스타일로 소화해야 새로운 '김용일의 기법'으로 재탄생되는 것이다.

매년 5월은 가정의 달인 만큼 가족과 함께하는 행사들이 많다. 특히 5월 5일은 어린이날 축제로 대한민국이 들썩인다. 베테랑 MC도, 갓 시작한 MC도 이날만큼은 구하기 힘들다. 미리 섭외하지 않으면 MC 없이 행사를 진행하는 낭패를 볼 수도 있다.

내가 새내기 MC였던 시절, 어린이날 행사 때의 일이다. 제동이 형이 행사 하나를 제안해 왔다.

"어린이날 행사 하나 할래?"

"네, 형님. 당연하죠! 감사합니다. 열심히 하겠습니다."

"열심히 말고 잘하고 온나! 알겠나."

무대에 선다는 설렘에 전날 밤부터 다음 날 행사를 상상하며 잠들었다. 다음 날 아침, 나는 서둘러 준비를 마친 뒤 귀엽고 깜찍한 의상을 입고 놀이공원 행사장으로 향했다. 오전 10시, 어린이날 기념식이 끝나고 본격적으로 어린이들을 위한 프로그램이 시작됐다. 점심시간 전까지 내게 주어진 시간은 한 시간. '무엇으로 아이들을 즐겁게 해 줄까'라는 잠깐의 고민 후 가위바위보 게임을 진행했다. 대충 둘러봐도 500여 명은 충분히 될 만큼 어린이들로 꽉 찼다.

"지금부터 아저씨랑 가위바위보 해서 이기는 10명에게 선물을 줄 거예요. 알았죠?"

"네! 그런데 아저씨 결혼했어요?"

"아저씨는 가위바위보 잘해요?"

"우와! 아저씨 이상하게 생겼다!"

아이들에게는 가위바위보만큼이나 나와 대화하는 자체도 즐거운 게임이었다.

"자, 시작합니다. 가위바위보! 이긴 사람만 손 들고 나머지는 손 내리세요. 거짓말 하면 안 돼요."

이렇게 수차례 가위바위보를 외치며 승부를 내려고 했지만 500명의 아이들은 도무지 지는 사람이 없었다. 시간이 지날수록 이기는 아이들은 오히려 늘어만 갔다. 처음부터 가위바위보 게임을 해서는 안 된다는 생각이 이제야 들었다. 갑자기 등에 식은땀이 나기 시작했다.

'이 사태를 어떻게 해결하지? 좋아, 그렇다면 이 방법으로 하자.'

잠시 생각 끝에 결정을 내렸다.

"친구들이 거짓말을 많이 해서 가위바위보 게임은 여기까지

하고 지금부터 춤에 자신 있는 친구들만 무대 위로 올라오세요."

"저요! 저요! 아저씨, 저도 시켜 주세요!"

갑자기 난리가 났다. 가위바위보 게임보다 더 심각했다. 아이들 모두가 춤에 자신 있다고 무대로 우르르 몰려드는 것이었다. 급기야 경호원들이 호루라기를 불며 제지하고 무대감독이 뛰어와서 무대가 무너진다고 내 마이크를 빼앗아 직접 안내 방송을 했다.

나는 넋이 나간 채 순식간에 구경꾼으로 전락했다.

'이게 무슨 낭패야.'

흐지부지하게 정리도 안 된 상태에서 점심시간이 나를 살렸다. 순간의 위기는 모면했지만 진짜 위기는 지금부터였다. 행사 담당자가 나를 불렀다.

"어이, MC. 일로 좀 와 보이소."

그러더니 다짜고짜 손가락질하며 말했다.

"MC 첨하는교! 당신 MC 맞나! 그따구로 무슨 MC를 합니까? 당장 때리치우고 다른 일 알아보이소!"

굴욕이었다. 담당자는 막말 세례를 퍼부었다. 너무 창피한 나머지 눈물이 났다. 도저히 고개를 들 수가 없을 정도로 부끄러웠다. 당연히 오후 프로그램에서 나는 제외되었다. 무거운 발걸음을 이끌고 집으로 돌아와 방문을 잠근 채 엉엉 울었다. 어린이들은 순수함 그 자체라는 것을 그 당시에는 몰랐다. 10년도 더 지난 일이지만 큰 깨달음을 준 사건이었다. 이런 실수가 지금은 추억의 에피소드가 되어서 강의할 때도 가끔씩 이야기하곤 한다.

이처럼 누구에게나 실수투성이인 처음이 있다. 용기 있게 도전했지만 시행착오를 겪어 봤기에 지금은 자신감 있게 할 수 있는 것이다. 현재 이루고 싶은 무언가가 있다면, 그 꿈을 향해 어떠한 망설임도 없이 도전해 보자.

08

나는 '라이프 엔터테이너'다

재능은 잊히지만 이름은 영원하다.

· 알렉스 로드리게스 ·

요즘 들어 나의 정체성은 무엇인지, 나의 미래는 과연 어떤 모습일지 스스로에게 질문을 많이 하곤 한다. 40대에 접어들면서 몸과 마음을 다시 한번 재정비할 필요성을 절실히 느끼고 있기 때문이다. 철부지 아들이었던 내가 한 여자의 남편이자 두 아이의 아빠가 되었다. 응원단장으로서 수많은 사람들 앞에서 응원을 하기도 했고, 마이크 하나로 웃고 울리는 MC와 강사로도 인정받고 있다. 하지만 마음 한구석엔 여전히 허전함이 남아 있는 이유는 뭘까? 지금 살고 있는 모습이 최고의 모습인 걸까?

현재 프로 강사로 활동하고 있지만, 이외에도 이벤트 기획자,

스포츠 아나운서, 대학 교수 등의 직함이 있다 보니 이를 하나로 아우를 수 있는 수식어가 필요했다. 곰곰이 생각했다. 나를 수식함에 있어 어떤 것이 가장 잘 어울릴까?

그 후부터 '라이프 엔터테이너(Life Entertainer)'라는 단어를 사용하기 시작했다. 나로 하여금 함께하는 사람들에게 즐거움과 감동을 전하는 특별한 일을 하는 전문가라는 뜻이다. 다양한 업종이 생겨나고 자격증도 수천 개에 달하는 세상 속에서 독특함은 필수 조건이다. 다른 사람과 차별화될수록 빨리 성장하고 인정받기 때문이다. 명함에도 '라이프 엔터테이너'를 새겼다. 나만의 새로운 직업을 가진 전문가로서 떳떳하고 싶었다. 이것이 결국 나의 정체성인 것이다. 나는 정해진 직장이 있는 것도 아니고 하루 일과도 매일 다르다. 하지만 내가 하는 일들에는 분명한 공통점이 존재한다. 바로 커뮤니케이션이다. 서로가 원하는 것을 잘 전달하고 함께 성공하기 위해 노력하는 것이다.

MC는 '마스터 오브 세리머니(Master of Ceremony)'의 약자다. 요즘은 '마스터 오브 커뮤니케이션(Master of Communication)'으로 해석하기도 한다. 그만큼 소통이 중요한 세상이다. 소통의 대가로 거듭나야만 내가 일하는 분야에서 진정으로 인정받을 수 있다. 나는 마이크 하나만으로 세상을 바꾸기 위해 오늘도 열심히 달린다. 이런 나를 응원해 주는 고마운 분들이 계시기에 내가 존재하는 것이다. 그것에 보답하기 위해서는 내공을 단단히 연마해야 한다. 결국 메신저로서의 삶이 진정으로 추구하는 나의 삶이다.

월요일 아침, 시간에 구애받지 않고 일어나 떠오르는 태양을 보며 미래를 향한 다짐을 외치면서 하루를 시작한다. 깔끔한 정장 차림에 노트북과 책이 든 가방을 들고 스타벅스로 향한다. 아메리카노와 샌드위치를 먹으며 창가에 비치는 햇살과 마주하며 클래식 음악을 감상한다. 간단한 식사가 끝나면 의식 성장에 도움이 되는 책을 읽으며 메신저로서의 마음가짐을 되새긴다. 그리고 노트북을 열고 업무를 시작한다. 나를 필요로 하는 사람과의 컨설팅 약속, 강연 준비와 칼럼 기고, 나와 같은 메신저가 되고자 하는 사람들을 위한 교육 과정을 준비하며 오전 시간을 보낸다.

점심 때는 성공자들의 모임에 참석해 식사를 하고, 낮 시간을 이용해 좋아하는 골프 연습을 하며 땀을 흘린다. 메신저의 또 다른 필수 조건은 바로 건강이다. 전국을 누비며 영향력을 펼쳐야 하기 때문에 평상시 운동을 게을리해서는 안 된다.

저녁이면 남들보다 일찍 퇴근을 한다. 가족들과 즐거운 식사를 하며 정다운 이야기를 나눈다. TV 시청보다는 서로를 배려하고 함께 시간을 보내며 웃음꽃을 피운다. 잠들기 전 간단한 독서를 한 뒤 5분간의 명상과 함께 기도로 하루를 마무리한다.

이 글은 내가 바라는 메신저로서의 삶이다. 여기에 여행과 다양한 체험 활동이 포함되면 더할 나위 없이 행복한 삶이 완성된다. 아름답고 환상적이지 않은가? 나는 이렇게 살고자 준비하고 있다. 책을 읽는 독자에서 책을 쓰는 저자로 변신했고, MC로서의 즐거움을 병행하면서 강연가로서의 입지를 다지고자 심혈을 기울이고 있다.

자기 PR시대에는 SNS 마케팅도 부지런히 해야 한다. 나를 필요로 하는 사람은 대한민국에 엄청나게 많다. 하지만 내가 어디서 무엇을 하는지 모른다면 무슨 소용이 있겠는가? 요즘 나의 삶을 떠올리면 하루하루가 즐겁고 행복하다. 시간을 여유롭게 사용하고 메신저로서의 준비도 차곡차곡 진행되고 있다.

젊은 시절, 나의 모든 것을 투자했던 야구장이 현재 나의 가치를 더욱 올려 주었다. 소중했던 경험들이 남들보다 더 빨리 나아갈 수 있는 계기가 되었기 때문이다.

2년 전, 나는 개인 사무실을 마련했다. 혼자만의 공간이 있었으면 했는데 비용 때문에 선뜻 결정을 못하고 있었다. 그러다 투자가 있어야 결실이 있다는 결론을 내리고 과감하게 투자했다. 사무실 창밖으로 보이는 풍경이 제법 괜찮다. 개인 공간으로 활용하면서 상담도 하고 교육을 진행하는 데 너무나도 좋은 조건이다. 이곳에서 나와 같은 수많은 메신저를 양성하는 것이 목표이자 꿈이다.

내가 만약 현재의 상황에 만족하고 발전하고자 하지 않았다면 별다를 것 없는 미래를 맞이하고 있었을 것이다. 완벽하지는 않지만 화려한 미래를 꿈꾸며 그것이 현실이 되도록 힘차게 달린 결과 지금의 상황에 이르게 되었다. 우리의 인생은 한 번뿐이다. 해도 후회, 안 해도 후회라면 당연히 전자를 선택할 것이다. 이왕 선택했다면 해도 후회하지 않도록 열정을 다해 노력해 보자.

서태지와 아이들의 춤을 추고 노래하던 어린 시절이 갑자기 떠오른다.

"우린 아직 젊기에, 괜찮은 미래가 있기에."

사춘기 청소년의 마음을 흔들었던 〈Come back Home〉의 한 소절이다.

비단 청소년에게만 해당되는 것은 아니다. 바로 나와 당신에게도 해당되는 말이다. 멋진 미래가 우리를 기다리고 있다. 힘들지만 지쳐 쓰러지지 말고 두 손 잡고 같이 가 보자. 우리는 분명 할 수 있다. 지금까지도 잘 해 왔지 않은가?

나는 오늘도 새벽 4시에 일어났다. 이젠 어느 정도 습관이 된 것 같아 기분이 좋다. 알람시계를 맞추지 않고도 잠에서 깬다. 일어나서 제일 먼저 감사의 기도를 드린 후 책상에 앉아 글을 쓴다. 오전 6시쯤 잠시 휴식을 위해 거실로 나온다. 사과 주스를 마시고 스트레칭을 한 다음 베란다로 향한다. 그리고 창문을 열고 불어오는 바람을 느끼며 떠오르는 태양을 향해 소리쳐 본다.

"나는 건강하다! 나는 할 수 있다! 나는 성공한다! 나는 행복하다! 주님, 감사합니다!"

　다시 방으로 와서 하루의 계획을 보며 힘차게 출발한다. 이것이 성공을 향한 나만의 루틴이다. 하루도 빠짐없이 실천하는 것만으로도 이미 절반은 성공했다고 믿는다. 진정한 메신저로서의 삶을 살고 있다는 것에 다시 한번 감사하며 나는 오늘도 나의 미래를 응원한다.

야구장 마스코트에서
프로 강사가 되다

초판 1쇄 인쇄 2018년 4월 17일
초판 1쇄 발행 2018년 4월 24일

지 은 이 **김용일**
펴 낸 이 **권동희**
펴 낸 곳 **위닝북스**
기　　획 **김태광**
책임편집 **채지혜**
디 자 인 **이혜원**
교정교열 **유관의**
마 케 팅 **강동혁**

출판등록 **제312-2012-000040호**
주　　소 **경기도 성남시 분당구 수내동 16-5 오너스타워 407호**
전　　화 **070-4024-7286**
이 메 일 **no1_winningbooks@naver.com**
홈페이지 **www.wbooks.co.kr**

ⓒ위닝북스(저자와 맺은 특약에 따라 검인을 생략합니다)
ISBN 979-11-88610-44-0 (03190)

이 도서의 국립중앙도서관 출판도서목록(CIP)은 서지정보유통지원시스템
홈페이지(http://seoji.nl.go.kr)와 국가자료공동목록시스템(http://www.nl.go.
kr/kolisnet)에서 이용하실 수 있습니다.(CIP제어번호: CIP2018009556)

위닝북스는 독자 여러분의 책에 관한 아이디어와 원고 투고를 설레는
마음으로 기다리고 있습니다. 책으로 엮기를 원하는 아이디어가 있으신 분은
이메일 no1_winningbooks@naver.com으로 간단한 개요와 취지, 연락
처 등을 보내주세요. 망설이지 말고 문을 두드리세요. 꿈이 이루어집니다.

※ 책값은 뒤표지에 있습니다.
※ 잘못 만들어진 책은 구입하신 서점에서 교환해 드립니다.